Murielle Rousseau
Fotografie: Marie Preaud

Weihnachten in PARIS

Festliche Rezepte und magische Geschichten aus der Stadt der Liebe

CHRISTIAN

»Ô tous les souvenirs d'hivers, tous les Noëls de mon enfance, que cette rêverie de Noël vous rende à moi!«

Colette

Inhalt

SANTA
SWING

Noël à Paris und in unserer Familie

Noël – für viele nicht nur Feierlichkeiten und ein paar arbeitsfreie Tage, sondern auch die schönste Zeit des Jahres!

Weihnachten übte schon als Kind eine besondere Faszination auf mich aus. Aber nicht nur auf mich: Das große christliche Fest zur Geburt von Jesus Christus ist zusammen mit Ostern das wichtigste christliche Fest in Frankreich, das wichtigste Fest für Christen aus Ost und West – Katholiken, Protestanten und Orthodoxe –, aber auch für »nicht religiöse« Menschen. Der 25. Dezember sowie in manchen Départements auch der 26. Dezember sind gesetzliche Feiertage in Frankreich.
Ich nehme Sie in meinem neuesten Buch nicht nur in meine Heimatstadt Paris, sondern auch in eine der schönsten Zeiten des Jahres mit: Weihnachten! Nachdem ich in Paris aufgewachsen bin, Weihnachten für Weihnachten mit meiner Familie hier verbracht habe und später meinen eigenen Kindern den Zauber der festlich illuminierten Hauptstadt nahegebracht hatte, reifte langsam der Gedanke in mir, einmal ein ganzes Buch Noël à Paris – Weihnachten in Paris – zu widmen. Ich erzähle von Noël, teile Erinnerungen, mache winterliche Spaziergänge, halte viele Insidertipps und Rezepte für Sie bereit und schreibe von Begegnungen mit einigen Menschen, die das Weihnachtsfest in Paris besonders machen. Nun hoffe ich, dass Sie dem Charme des winterlichen und weihnachtlichen Paris ebenso erliegen werden wie ich. Bei uns Rousseaus spielten die traditionellen Feste schon immer eine große Rolle im Jahreslauf. Wir stammen ursprünglich aus der Vendée und Charente, sind aber seit den 20er-Jahren des letzten Jahrhunderts in Paris ansässig. In Saint-Germain-en-Laye im Westen von Paris groß geworden, ist für mich die Vorweihnachtszeit, Noël und alle Traditionen, die damit zusammenhängen, untrennbar mit Paris verbunden. Davon will ich erzählen!

Ihre Murielle Rousseau

Noël

Weihnachten in Frankreich

Weihnachten hat im Laufe des 20. Jahrhunderts auch in Frankreich seine rein religiöse Bedeutung verloren. Nicht alle in Frankreich, die Weihnachten feiern, empfinden sich als religiös, sind christlich, gehen zur Kirche oder sehen in dem Fest mehr als ein Familientreffen rund um einen reich gedeckten Tisch inklusive Austausch von Geschenken neben dem geschmückten Tannenbaum.

Es feiern einfach alle dieses Fest der Liebe und des Teilens. Auch die Atheisten in unserer Familie feierten und feiern ein prachtvolles Weihnachtsfest.

Es feiern einfach alle dieses Fest der Liebe und des Teilens. Auch die Atheisten in unserer Familie feierten und feiern ein prachtvolles Weihnachtsfest. Meine katholische Großmutter Mamie war sicher diejenige, die am religiösesten veranlagt war und das Fest entsprechend seiner vollen Bedeutung beging und uns auch dahingehend geprägt hat. Noël ist – zum Leidwesen mancher Gläubiger – profaner geworden und hat sich entsprechend mit allerlei äußeren Einflüssen und Folklore vermischt. Es gibt viele Varianten des Fests, darunter auch einige regionale, wie das sehr beliebte elsässische Noël oder die speziellen Weihnachtstraditionen aus der Provence. Und der Einfluss aus aller Welt wie den USA oder den nordischen Ländern ist ebenfalls präsent.

Zentral ist natürlich immer noch die Feier rund um Jesu Geburt, doch die Entwicklung von Noël zu einem traditionellen Familienfest, frei von Kirchenmessen und religiösem Ritual, hat sich im letzten Jahrhundert rasant vollzogen. Gefeiert wird so etwas wie ein sehr besinnlicher, gemeinsamer Geburtstag, zu dem man ganz zweckfrei Geschenke verteilt, nicht nur in Anlehnung an die Geschenke der Heiligen Drei Könige an das Jesuskind. Es geht um das Zusammensein, das Feiern im Kreise der Familie, um das Teilen, meist von Essen und Geschenken, aber auch von guten Momenten, von Zeit und Freude. Diese Rituale sind wichtig, mit oder ohne Rückbesinnung auf den christlichen Ursprung.

Einmal akzeptiert, dass Noël allen gehört, kann diese Zeit am Ende des Jahres mit ihren vielen wundervollen Momenten uneingeschränkt genossen werden!

Attendre le Père Noël

Warten auf den Weihnachtsmann ...

Im Laufe der Zeit wurde die Weihnachtssaison immer weiter ausgedehnt. Dies ist seit Mitte des 19. Jahrhunderts kommerziell begründet, aber auch dadurch, dass sich Menschen in der dunklen, kalten Jahreszeit etwas mehr Zusammensein, Wärme und Licht wünschen.

Heute werden Städte und Geschäfte sogar bereits Anfang November weihnachtlich beleuchtet und geschmückt und erst Ende Januar wird alle Deko wieder abgenommen. Die altkirchliche Tradition legte zwölf Weihnachtstage – christmastides – fest. Diese fingen in der Nacht zum 25. Dezember – la veille de Noël – an und endeten in der Nacht zum 6. Januar – la veille de l'Épiphanie. Entsprechend ist der 25. Dezember in Frankreich der wichtigste Tag in der Weihnachtszeit.

Dazu gehört auch das gespannte Warten auf diesen Festtag am 24. Dezember, an dem Stiefel oder große Strümpfe rund um den Kamin verteilt werden – eine meiner schönsten Kindheitserinnerungen. Punkt zwölf Uhr nachts kommt dann Père Noël, der die wichtigste väterliche Weihnachtsfigur in Frankreich ist, durch den imaginären oder echten Schornstein und legt den Kindern Geschenke in die Stiefel oder Strümpfe. Gibt es diese nicht, so legt Père Noël sie unter den Tannenbaum. Die Bescherung findet für Erwachsene und größere Kinder nach zwölf Uhr nachts und für kleinere Kinder am Morgen des 25. Dezember statt – verschlafen und noch im Pyjama. Ich bin sicher, in Tausenden Familien gibt es Fotos von Kindern im Pyjama vor dem Kamin oder Weihnachtsbaum, so auch in meiner Familie.

Wer ist denn nun dieser Père Noël? Wie kann er in imaginäre Kamine heruntersteigen oder durch verschlossene Türen gelangen, um die wunderbaren Geschenke zu verteilen? Kein Wunder, dass Père Noël die Aufmerksamkeit der Familien auf sich zieht, wenn er zu einem Fest oder einem Weihnachtsmarkt kommt.

Père Noël ist ein besonderer, wenn nicht sogar der wichtigste Protagonist des traditionellen französischen »Weihnachtspersonals« und einer, an den die französischen Kinder glauben und an dem sie sehr hängen. Er stammt ursprünglich aus Teilen der von den europäischen US-Einwanderern überbrachten Weihnachtserzählungen und hat sich nach Ende des Zweiten Weltkrieges in Europa in dieser amerikanischen Form durchgesetzt, sehr zum Ärger der religiösen Institutionen, die die Kommerzialisierung des christlichen Weihnachtsfestes kritisierten. In Frankreich ist Père Noël DIE wichtigste weihnachtliche Fantasie- und Werbefigur. Bei jedem Weihnachtsfest und -markt, in Liedern und Geschichten kommt Père Noël vor, jedes Kind kennt und liebt ihn.

IM SCHLITTEN VON RENTIEREN GEZOGEN

Er hat Attribute des in anderen Ländern bekannten Weihnachtsmanns und sieht ihm auch ähnlich: ein älterer, gutmütiger, korpulenter Mann mit weißem Rauschebart, rotem Gewand, schwarzem Gürtel, weißem Pelzbesatz und roter Mütze. Der im Himmel oder im Wald, am Nordpol, in Grönland, in Finnland oder anderswo im Kalten wohnt. Genaues ist nicht bekannt und er wird je nach Region verschieden verortet. An seiner Seite gibt es in manchen amerikanischen Erzählungen seit der Mitte des 19. Jahrhunderts eine Mère Noël, das weibliche, anpackende Pendant, das entweder ihrem Mann bei der Geschenkeverteilung hilft und damit Weihnachten rettet oder als brave Hausfrau Plätzchen backt. Im Schlitten und von acht Rentieren gezogen kommt Père Noël in der Nacht vom 24. auf den 25. Dezember zu den Menschen, um Gaben zu verteilen, die zuvor von zwergähnlichen, schlauen lutins hergestellt worden sind. Die Rentiere Tornade, Danseur, Furie, Fringant, Comète, Cupidon, Éclair und Tonnerre erhielten 1939 einen neunten Rentierkumpel, Rodolphe, das Rentier mit der leuchtenden Nase, den der Schriftsteller Robert L. May für ein Märchen erfand. Ja, was wäre Noël, das französische Weihnachten, ohne diese Rentiere, die lutins und den gutmütigen, geschenkeverteilenden Père Noël!

Père Noël kann wirklich Post empfangen

Die französische Post (PTT) öffnet seit den frühen 60er-Jahren des 20. Jahrhunderts von Mitte November bis Mitte Dezember das Sekretariat von Père Noël. Jedes Kind, das seine Adresse hinterlässt, erhält eine standardisierte Antwortpostkarte zurück. Die wichtigsten Adressen, die die Post an den Père Noël beantworten, sind:

- 1 rue du Ciel Étoilé – Pôle Nord
- route des Nuages – Dans le grand Nord
- avenue des Rennes Village du Père Noël – Laponie
- route de la Banquise – Pays des ours blancs
- Secrétariat 33500 Libourne – France

Auch elektronische Post an Père Noël kommt an und wird beantwortet: www.laposte.fr/pere-noel

... in der französischen Literatur

Victor Hugo schreibt von den Schuhen am Kamin und dem Weihnachtsschmuck in »Les Miserables«.

Die französische Literatur steckt voller Erzählungen von den Weihnachtstraditionen – über den réveillon de Noël am 24. Dezember, der dem feierlichen Weihnachtsfest, das bei den meisten französischen Familien am 25. Dezember begangen wird, vorausgeht, und über das Warten auf Père Noël und die Bescherung inklusive langem Abendessen im Kreise der Familie und (bei vielen Katholiken) Besuch der Mitternachtsmesse in einer Kirche. Doch zuvor hängen die Eltern für ihre Kinder die Strümpfe an den Kaminsims oder stellen Schuhe dorthin – Père Noël wird dann durch den (teils imaginären) Kaminschacht herunterkommen und die Geschenke verteilen ...

Victor Hugo schreibt von den Schuhen am Kamin und dem Weihnachtsschmuck im und am Haus in »Les Misérables«. In seinem der Romantik zugerechneten Meisterwerk findet der Protagonist Jean Valjean am Abend des Noël im Jahr 1823 die arme und als Haushaltsgehilfin und Sklavin gehaltene Cosette in der auberge der Familie Thénardier in Montfermeil. In der überaus bekannten Szene stehen in einem der Zimmer des Gasthauses zwei unterschiedliche einzelne Schuhe gefüllt mit je einem Goldstück in einem leer stehenden Kamin und daneben der verschmutzte und leere Holzschuh der armen Cosette.

George Sand beschreibt in »Histoire de ma vie« aus dem Jahr 1855 als erste Schriftstellerin überhaupt Père Noël literarisch. Die Künstlerin war absolut überzeugt, dass es Père Noël gibt, der zur magischen Mitternacht die Stiefel der Kinder füllt.

Doch nicht nur Victor Hugo und George Sand, auch Guillaume Apollinaire schreibt über Noël. Er lässt den Weihnachtsbaum, den sapin de Noël, Anfang Dezember im Gedicht »Les Sapins« schmücken.

Wie wäre es, an den Feiertagen mal französische Weihnachtslieder zu singen oder gar Weihnachtsmärchen, wie »Contes de Noël« von Guy de Maupassant, oder Gedichte wie das Tannenbaumgedicht »Les Sapins« von Apollinaire laut vorzulesen – gute Französischkenntnisse vorausgesetzt?

Les Sapins

Les sapins en bonnets pointus
De longues robes revêtus
Comme des astrologues
Saluent leurs frères abattus
Les bateaux qui sur le Rhin voguent

Dans les sept arts endoctrinés
Par les vieux sapins leurs aînés
Qui sont de grands poètes
Ils se savent prédestinés
À briller plus que des planètes

À briller doucement changés
En étoiles et enneigés
Aux Noëls bienheureuses
Fêtes des sapins ensongés
Aux longues branches langoureuses

Les sapins beaux musiciens
Chantent des noëls anciens
Au vent des soirs d'automne
Ou bien graves magiciens
Incantent le ciel quand il tonne

Des rangées de blancs chérubins
Remplacent l'hiver les sapins
Et balancent leurs ailes
L'été ce sont de grands rabbins
Ou bien de vieilles demoiselles

Sapins médecins divaguants
Ils vont offrant leurs bons onguents
Quand la montagne accouche
De temps en temps sous l'ouragan
Un vieux sapin geint et se couche

Guillaume Apollinaire,
Rhénanes, Alcools, 1913

DAS BEKANNTESTE UND POPULÄRSTE WEIHNACHTSLIED FRANKREICHS IST:

Petit Papa Noël

C'est la belle nuit de Noël,
La neige étend son manteau blanc,
Et les yeux levés vers le ciel,
à genoux, les petits enfants,
Avant de fermer les paupières,
Font une dernière prière.

Petit papa Noël
Quand tu descendras du ciel,
Avec des jouets par milliers,
N'oublie pas mon petit soulier.

Mais avant de partir,
Il faudra bien te couvrir,
Dehors tu vas avoir si froid,
C'est un peu à cause de moi.

Il me tarde tant que le jour se lève
Pour voir si tu m'as apporté,
Tous les beaux joujoux que je vois en rêve
Et que je t'ai commandés.

Petit papa Noël
Quand tu descendras du ciel,
Avec des jouets par milliers,
N'oublie pas mon petit soulier.

Le marchand de sable est passé
Les enfants vont faire dodo
Et tu vas pouvoir commencer
Avec ta hotte sur le dos
Au son des cloches des églises
Ta distribution de surprises

Petit papa Noël
Quand tu descendras du ciel,
Avec des jouets par milliers,
N'oublie pas mon petit soulier.

Si tu dois t'arrêter
Sur les toits du monde entier
Tout ça avant demain matin,
Mets-toi vite, vite en chemin.

Et quand tu seras sur ton beau nuage,
Viens d'abord sur notre maison
Je n'ai pas été tous les jours bien sage,
Mais j'en demande pardon.

Petit papa Noël
Quand tu descendras du ciel,
Avec des jouets par milliers,
N'oublie pas mon petit soulier,
Petit papa Noël.

Text: Raymond Vinci
Musik: Henri Martinet
Interpretation: Tino Rossi

... mit den Kindern

Wie schwer fällt den Kleinen doch das Warten auf Père Noël! Und können wir es ihnen verdenken? Ich habe ein paar Tipps für Sie zusammengetragen, die Ihnen und Ihren Kindern das Warten auf das Fest erträglicher gestalten oder gar versüßen sollen:

Stellen Sie Futterkugeln für Vögel mit Körnern und Fett her und verteilen Sie sie auf einem Spaziergang in einem der Parks in und um Paris herum in den Bäumen. Auf der place de la Madeleine verkaufen mehrere, vor Kurzem renovierte Blumenkioske, aber auch Blumenhändler im kleinen Marché aux Fleurs, 8 place des Ternes im 17. Arrondissement, die nötigen Vogelkörner.

Bei nasskaltem Wetter bietet es sich geradezu an, erst schönes Papier, Karton und Bänder aus verschiedenen Materialien einzukaufen, um dann gemeinsam mit den Kindern Weihnachtskarten oder Etiketten für Geschenke daraus zu basteln.
Damit auch Erwachsene Freude daran haben: Besondere Papiere, Tapeten und Karten hält im 11. Arrondissement, 12 rue Saint-Sabin, À Paris chez Antoinette Poisson bereit. Der Laden hat nur nachmittags von Mittwoch bis Freitag geöffnet, doch Papierliebhaber kommen in diesem kleinen Papier-Paradies voll auf ihre Kosten.

Fotografieren Sie mit dem Handy oder dem Fotoapparat 24 schöne Pariser Türen in allen Farben, sodass im nächsten Jahr ein wundervoller, erinnerungsbeladener Adventskalender mit den Bildern gefertigt werden kann.

Der Adventskalender, ursprünglich eine germanische Tradition, hat in Frankreich in den 1990er-Jahren Einzug gehalten. Ein ganz besonderer Adventskalender fürs nächste Jahr könnte, in Erinnerung an Noël in Paris, mit haltbaren Leckereien wie Honigkuchen, Dosen-Pasteten, Wein und allerlei Köstlichkeiten mehr aus dem Feinkostladen bestückt werden.

Pariser Geschäfte, Hotels und Straßen überbieten sich an Weihnachten mit kreativen Interpretationen des Weihnachtsbaums. Auch diese kann man fotografisch für einen Adventskalender festhalten. Mal sieht man in einem Schuhgeschäft Schuhpaare, die zu einem Weihnachtsbaum gestapelt werden. Mal sind es Bücher in einer Buchhandlung. Oder ein Baum aus Papierschnipseln in einer Papeterie. Mal hat ein Patissier einen Baum kunstvoll aus Schokolade gestaltet, mal aus schön umwickelten Bonbons. Ein Florist wiederum hat aus Holzstücken einen Baum komplett ohne Grün kreiert oder ein Getränkehändler einen aus grünen Flaschen ohne Etikett. Die Sammlung verspricht, interessant zu werden!

PFAFF

Achats de Noël

Weihnachtsshopping in Paris

Es gibt tausendundeine Möglichkeit für tausendundeine Portemonnaiegröße, um in Paris in der Vorweihnachtszeit einzukaufen!

Wer weder entlang der großen Boulevards noch in den grands magasins noch in den eleganten, teuren Läden in den Straßen rund um die place Vendôme oder um die avenue Montaigne einkaufen kann oder möchte, der stöbert in den Vierteln wie Marais mit seinen Vintage- und In-Läden, rund um das Quartier des Halles oder im Norden in und um Montmartre mit einer Vielzahl an boutiques gourmandes, flaniert über die verschiedenen Flohmärkte im Norden der Stadt oder rund um den Viaduc des Arts, eine ehemalige Bahntrasse, unter deren Viadukten sich eine lebendige Künstlerwelt niedergelassen hat und ihre fantasievollen Unikate verkauft. Gerade in der Vorweihnachtszeit öffnen allerhand Pop-up-Läden und sogar Pop-up-Weihnachtsmärkte.

In Paris steckt in jedem Viertel die ganze Welt, entsprechend groß ist die Auswahl, entsprechend volatil ist auch das Angebot, denn Boutiquen können so schnell wieder schließen, wie sie eröffnet wurden. Ich bin sehr oft zu Fuß in meiner Stadt unterwegs, finde immer wieder Neues, Boutiquen erobern mein Herz und ich lasse mich gerne verführen und lustwandle durch die Straßen und Gassen auf der Suche nach neuen Entdeckungen. Natürlich habe ich auch meine Lieblingsviertel, in denen ich viele Straßenecken kenne. Empfehlungen auszusprechen, fällt mir schwer, so unendlich viele Geschäfte gibt es! Besonders hübsch sind ganz einzigartige und oft historische Nischenläden oder alteingesessene, scheinbar schon immer dagewesene Geschäfte, in die schon die Generationen vor mir, meine Großeltern und Eltern, einkaufen gegangen sind.

KLÖSTERLICHE GESCHENKIDEEN

Sucht man zu Noël nach besonderen kirchlichen Produkten, so kommt man in Paris an der Boutique des Monastères nicht vorbei. Dort kann man nicht nur santons (siehe Seite 20), Krippen wie die crèche de Dourgne – eine von den Schwestern der Abbaye de Dourgne bemalte Gips-Krippe – und Bienenwachs-Weihnachtskerzen erwerben, sondern auch eine Reihe von Produkten aus 150 verschiedenen Klöstern aus ganz Frankreich, die von Mönchen handwerklich gestaltet sind. Alles wird ausschließlich zu karitativen Zwecken verkauft. Es sind einzigartige, auch kulinarische Geschenke in der épicerie fine, dem Feinkostladen, in dem es sich herrlich zu Weihnachten einkaufen lässt. Unter anderem findet man dort confit d'ail, Klosterdinkelmehl von der Abbaye de Rosans, pâtes de fruits von der Abbaye de Landevennec, Balsamico-Essig vom Kloster von Solans, Klosterbiere, Pflegeprodukte oder eine Vielzahl an Bioprodukten aus den verschiedenen Klöstern Frankreichs. Boutique des Monastères, 68 bis, avenue Denfert Rochereau, 75014 Paris

Santons

In manchen Regionen Frankreichs gibt es noch andere besondere Weihnachtstraditionen. So ist die Provence-Region Stifterin einer in ganz Frankreich verbreiteten Weihnachtsdekorationen: der santons de Provence.

Santons sind handgefertigte und -bemalte Krippenfiguren aus Ton, die die Heilige Familie, aber auch Tiere und Vertreter aller Handwerke darstellen. Santons entstanden nach der Schließung der Kirchen und dem Verbot der Mitternachtsmessen durch die Revolutionswirren und durch das Bedürfnis der Bevölkerung, Jesu Geburt zu Hause darzustellen. Sie waren wie der stille Widerstand der Marseiller – denn dort liegt der Ursprung der santons – gegen das Mitternachtsmesseverbot! Als öffentlich ausgestellte Krippen verboten waren, konstruierte man sich eigene, kleinere Figuren, erst aus Teig, Holz oder Gips, später aus dem schönen roten Ton der Provence. Sie werden nicht gebrannt, was die aufgetragene klare, frische Farbe der Figuren bewirkt.

Zugegeben, santons sind keine Pariser, sondern französische Originale. Es gibt sie mittlerweile auch aus der Bretagne oder Savoyen. Die Originale, so wusste es schon meine Großmutter, kamen jedoch aus der Provence. Sie, die im selben hôtel particulier, einem herrschaftlichen Stadthaus nahe dem Schloss von Saint-Germain-en-Laye, wohnte wie wir, sammelte über Jahrzehnte ein ganzes santons-Dorf zusammen und bedachte auch mich beim Auszug von zu Hause mit einer heiligen santons-Familie – was ich witzigerweise wie eine Mitgift empfand und mich veranlasste, selbst jahrelang weitere Figuren zu sammeln. So ergeht es vielen französischen Familien: Einmal angefangen, hört man nie wieder auf. Meine Großmutter kaufte ihre santons in einem speziellen Laden in Saint-Germain-en-Laye, der diese das ganze Jahr über im Schaufenster stehen hatte, was keinesfalls als Frevel empfunden wurde. Im Gegenteil, Geschäfte dieser Art galten und gelten auch heute noch als Spezialitätenläden. Sie selbst führte ein kleines, von ihrer Schwiegermutter Marie Germaine Rousseau geerbtes Geschäft für mercerie und bonneterie, einen Kurzwarenladen in der Rue de la Salle, und achtete vor Weihnachten genauso penibel auf die richtigen Noël-Angebote wie ihre Kollegen. Hinter der großen weißen Ladentheke lagerten in vielen Regalen und großen und kleinen Schrankschubladen unzählige bunte Knöpfe und Garne sowie baumwollene Babystrampler, -jäckchen und -söckchen jeder Qualität – perfekte Geschenke zu Weihnachten, meinte sie.

SANTONS IN PARIS

Einer der bekanntesten santons-Hersteller aus der Provence, Santons Fouque, verkauft in der Vorweihnachtszeit seine Produkte nicht nur in einer boutique éphémère, wie die Pop-up-Stores in Frankreich genannt werden, im 15. Arrondissement, 39 Bd de Grenelle, sondern auch auf dem Markt von Neuilly-sur-Seine, einem Vorort westlich von Paris.

Überhaupt sind Pariser Märkte und Weihnachtsmärkte geeignet, um Ausschau nach santons zu halten. Die Firma Le Comptoir aux Santons präsentiert seit einigen Jahrzehnten auf den Märkten in der Pariser Peripherie, in Neuilly-sur-Seine, Boulogne-Billancourt, Vincennes oder Saint-Germain-en-Laye, die santonniers Escoffier aus den Orten Aubagne,

Arterra und Carbonel. Das Atelier Marcel Carbonel, das seit vier Generationen santons herstellt und verkauft, ist bei Weitem nicht das älteste aktive Atelier. Eines der ältesten ist das Atelier Truffiers. Dessen santons kauft man in Paris in Geschäften für religiöse Artikel, wie das seit 1948 bestehende Maison Georges Thuillier, 10 place Saint-Sulpice, im 6. Arrondissement.

In der Paroisse Saint-François-Xavier lässt sich in manchen Jahren die eindrucksvollste santons-Krippe von Paris, die mehr als 1000 santons in verschiedenen Landschaften darstellt und in tagelanger Arbeit von den Kirchenmitgliedern aufgebaut wird, bestaunen. Die Initiative ging von einem Priester aus, der seine Kirchenmitglieder einst um je einen santon bat. Da der Aufbau dieser sagenhaften Krippe lange dauert, hängt es sehr von der Initiative und dem Engagement seiner Kirchenmitglieder ab, ob sie in manchen Jahren aufgebaut wird oder nicht.

Wunderschöne historische santons findet man bei Christophe Lachaux, 52 rue de Sèvres im 7. Arrondissement. Er hat in seinem Antiquitätenladen historische santons aus dem 19. Jahrhundert, manche stammen sogar aus dem Ende des 18. Jahrhunderts aus Marseille und sind aus Holz. Diese Figuren haben Sammlerwert. *www.antiquite-lachaux.com*
Ein klitzekleiner Laden, Il Était une Fois, 6 rue Ferdinand Duval im 4. Arrondissement, führt im Untergeschoss ebenfalls santons.

Christlich orientierte Läden führen Kerzen, Essenzen, Naturöle, plastifizierte Gebetskarten, Marienfiguren und natürlich auch eine schöne Auswahl an santons. Biblia Paris ist ein weiteres dieser Geschäfte, zu finden unter der Hausnummer 61 in der längsten Straße von Paris, der rue de Vaugirard im 6. Arrondissement. Im selben Viertel empfehle ich auch, einen Blick ins Maison Thuillier zu werfen, 8 place Saint-Sulpice.

Ein weiterer Laden für religiöse Artikel, der seit 1850 existiert, ist Au Cœur Immaculé de Marie. Hier findet man viele Bücher und religiöse Objekte, unter anderem speziell zu Weihnachten. Er liegt gegenüber der katholischen Pfarrkirche Basilique Notre-Dame-des-Victoires, einer der fünf Pariser Kirchen, die den Ehrentitel basilica minor tragen und in die Mozart regelmäßig beten ging, als er in der Hauptstadt weilte.

Nicht zuletzt führen auch einige Spielwarenläden santons, etwa Tikibou Jouets, 33 boulevard Edgar Quinet im 14. Arrondissement, eines der ältesten Spielwarenhäuser von Paris. Der legendäre Laden befand sich früher innerhalb der alten Gare Montparnasse und gehörte Georges Méliès, einem Illusionisten und Filmpionier.

GLÜCKSBRINGER

Geschäfte mit religiösen Artikeln wie Monastika, 10 rue des Barres, 75004 Paris, und eine Reihe religiöser Verlage sind über ganz Paris verstreut und haben sich meist unweit von Kirchen wie Notre-Dame de Paris oder Sacré-Cœur etabliert. Eine besondere Kapelle ist die Chapelle Notre-Dame-de-la-Médaille-Miraculeuse in der rue du Bac im 7. Arrondissement: Pilger aus aller Welt strömen hierhin, doch die Geschichte von Sainte Catherine Labouré, der die Jungfrau Maria im Jahr 1830 mehrfach erschienen ist, ist vielen Parisern ebenso unbekannt wie die kleine Kapelle. In dem Geschäft für religiöse Artikel Stella Maris, 132 rue du Bac im 7. Arrondissement, unweit der Kapelle, gibt es kleine glücksbringende Marienmedaillen in vielen Farben zu kaufen.

Spielwaren

Traditionellerweise bekommen Franzosen im Schnitt etwa sieben Geschenke. Ob eine Weihnachts-Spieluhr oder eine Schneekugel darunter sind, ist zu bezweifeln – Elektronisches ist heute eher gefragt.

Wer dennoch Nostalgisches verschenken möchte, wird im Spielwarenladen L'Ourson en Bois, 83 rue de Charenton im 12. Arrondissement fündig. Er ist ein Schlaraffenland für Liebhaber von Holzspielsachen, Musiktruhen, Puppen und anderen traditionellen Spielwaren, wie meine Mutter es war.

Mein Lieblings-Spielwarenladen für Holzspielsachen, Bücher und viele kreative Beschäftigungsideen für die Kleinen ist Si Tu Veux Jouer, 68 Galerie Vivienne, 4 rue des Petits Champs im 2. Arrondissement.

BIJOUX EN DINANDERIE UND HANDGESCHNITZTES HOLZSPIELZEUG

Meine ganz besondere und persönliche Empfehlung für handgeschnitztes Holzspielzeug und Kupferschmuck liegt inmitten des 4. Arrondissements in der 9 rue Beautreillis. Dort lebt das Künstlerpaar Alain Lapeyre und Anne Glaser. Anne ist die Ehefrau des 1995 verstorbenen Schriftstellers und Silberschmieds Georg Glaser, den alle im Viertel Monsieur Georges nannten, einschließlich Camus, der oft in seine Werkstatt zum Plaudern kam. Manche Ladenschilder des Viertels, wie das des Bäckers und des Metzgers, die Monsieur Georges aus Kupfer oder anderen Metallen hergestellt hat, erinnern noch heute an ihn. Aber mehr noch hält Anne die Erinnerung an ihn aufrecht, indem sie als eine der wenigen dinandistes, eine kupferverarbeitende Künstlerin, Silber und Kupfer sägt, klopft und gestaltet. In ihrem winzigen Atelier für bijoux en dinanderie kreiert und verkauft sie jeden Tag Schmuck und mehr. Alain Lapeyre, ihr jetziger Partner, schnitzt und verkauft dort sein aus vielen verschiedenen Holzsorten selbst hergestelltes Kinderholzspielzeug – sehr gerne auf Bestellung, wie er betont. Ansonsten hält er auch ein kleines ausgesuchtes Sortiment an Holzspielwaren nordischer Hersteller vor. Das Atelier, das durch einen kleinen gusseisernen Holzofen beheizt wird, ist ein künstlerisches Sammelsurium voller Unikate. Man muss suchen und kann sich im Inneren kaum um die eigene Achse drehen, so eng ist es! Der Laden ist nur anhand der Hausnummer 9, seiner dunkelroten Fassade, der hinter der Glasscheibe aufgereihten Holzfigurinen und der ganz kleinen Ladeninschrift an der rechten Seite zu identifizieren. Das Paar hat viele Geschichten zu erzählen, die sie gerne mit denen teilen, die Zeit haben. Wer eintritt, ist anschließend reicher. Oft ist es ja andersherum.

GESELLSCHAFTS- UND KARTENSPIELE

Ganz in der Nähe der place Saint-Michel im Haus Nummer 29 in der engen Gasse Saint-André des Arts im 6. Arrondissement befindet sich seit den 90er-Jahren der Spielwarenladen Variantes, der eine schwindelerregende Anzahl von Gesellschaftsspielen und vor allem Kartenspielen führt. Um die 18 000 Artikel findet man hier, so dass für jeden Geschmack etwas dabei ist, zumal besonders die Kartenspiele oft hübsch verziert sind und von floralen, mittelalterlichen, literarischen, architektonischen oder auch märchenhaften Motiven geschmückt werden.

Für Spiele jeder Art, Holzwaren, Backgammon, Bridge, Schach, Gesellschaftsspiele und Karten, suche ich im 6. Arrondissement, 26 rue Vavin, den traditionnellen Spieleladen Rouge et Noir auf. Hier hat schon meine Mutter eingekauft, die Holzspielsachen über alles liebte und sammelte, und auch ich habe hier heute noch die Qual der Wahl. Ich liebe besonders die handgeschnitzten Stücke aus allen möglichen Regionen Frankreichs und zig Holzarten. In den Wochen vor Weihnachten hat der Laden jeden Tag auf, sogar sonntags!

ZINNFIGUREN

Im seit 1775 bestehenden Geschäft Au Plat d'Étain, 16 rue Guisarde im 16. Arrondissement, stehen die kleinen Zinnfiguren brav wie Soldaten im Regal und warten auf Sammler, Kenner und Zinnfiguren-Enthusiasten. Die Marken CBG Mignot, Lucotte, Tradition of London oder Marlborough sind hier vertreten.

Im Les Drapeaux de France, am Eck zum Jardin du Palais Royal und direkt an der place Colette im 1. Arrondissement, werden seit 1949 Kollektionen von Unikaten aus Zinn handwerklich hergestellt und bemalt. In dem einzigartigen Geschäft wie aus Tausendundeiner Nacht ergänzen eine Weihnachtskollektion und eine Zirkuskollektion die historischen Soldaten.

Im Musée des Arts Décoratifs – Département des Jouets, 107 rue de Rivoli im 1. Arrondissement, sind die Objekte, anders als in Geschäften, nur zum Anschauen da. 12 000 Spielzeuge – vom 19. Jahrhundert bis heute – lassen kindliche wie erwachsene Augen strahlen.

Dekoratives & Papeterie

SILBER UND GLAS

Im Rarissime, 18 rue Saint-Roch im 1. Arrondissement, nicht weit vom Jardin des Tuileries, wartet Antikes auf neue Besitzer. Schon allein der Laden von 1630, der sich eine Mauer mit der Kirche Saint-Roch teilt, ist sehenswert. Eine alte Holzfassade und eine spiralförmige Innentreppe aus dem 17. Jahrhundert verleihen dem Ort seine Patina aus alten Zeiten.

SATINBÄNDER FÜR DIE GESCHENKE

Die Mercerie Ultramod existierte als Hutladen seit 1832, bevor sie in den 1920er-Jahren um ein Sortiment aus Stoffen, Bändern, Strass, Seide, Satin, Knöpfen, Fäden und Garnen jeder Art ergänzt wurde. Betritt man den Laden unweit der Passage Choiseul in der 4 rue de Choiseul im 2. Arrondissement, so fühlt man sich – mit dem knarrenden Parkett, den dunklen Holzregalen, der alten Theke, auf der eine antike Kasse thront – in diese Zeit versetzt. Neben den Näherinnen, die sich hier mit Material versorgen, stehen auch Kundinnen, die sich anhand der Bänder und Formen einen eigenen Hut zaubern, sei es für eine Hochzeit oder eine andere festliche Gelegenheit. Zu Weihnachten findet man hier die schönsten und wertvollsten Satinbänder, um Geschenke einzupacken. Und oft stellt eine Hutmacherin ihre Kollektion aus, wie bereits zum siebten Mal die Japanerin Mayumi Takeguchi, deren extravagante, poetische Hüte man gerne aufsetzen darf und dabei mit der Hutmacherin über ihr seltenes Handwerk und die verwendeten Materialien sprechen kann.

POMPONS UND KNÖPFE

Seit eh und je, und vor allem seitdem meine Großmutter ihren Kurzwarenladen in Saint Germain altersbedingt aufgeben musste, gehe ich zu La Droguerie in die 9 rue du Jour im 1. Arrondissement. Das direkt neben der Kirche Saint-Eustache und dem Ladenkomplex Les Halles befindliche Geschäft ist Heimat für zahllose Knöpfe, Näh- und Strickgarne, Bänder, Pompons sowie Stoffe, Papier und alles, um Schmuck, Haarbänder, Kleidung und anderes selbst herzustellen.

PAPIERBLUMEN

Für Freundinnen mit einem Gefühl für besonders schöne Dinge kaufe ich wundervolle handgemachte Papierblumen oder -girlanden – fleurs et guirlandes en papier –, aber auch Schmetterlinge bei L'Aparté, 48 galerie Vivienne im 2. Arrondissement. Auch meine eigene Kollektion kleiner Papierwunder wächst und wächst. Der winzige Laden ist ein Geheimtipp für jede Inneneinrichtung und mit der netten Inhaberin plaudert es sich zudem immer schön über Dekoration, während sie weiter an ihren Papierblumen dreht. *www.laparte-paris.com*

EDLES PAPIER UND POSTKARTEN

In dem Geschäft l'Écritoire, das seit mehreren Generationen in Paris Liebhaber schöner Schreibtischutensilien anzieht, werden Papiere, Weihnachtskarten, Gedrucktes und Gefaltetes, Wachs, Federhalter, Notizblöcke, Tinte, Sticker und vieles mehr verkauft, sogar einige Vintage-Stücke, die es sonst nirgends zu finden gibt. Lange in der Rue Saint-Martin, ist l'Écritoire nun in einer offenen Passage zwischen der 157 rue Saint-Martin und 82 rue Quincampoix, 26 passage Molère im 3. Arrondissement, beheimatet, unweit der Maison de la Poésie. *www.lecritoireparis.com*

Bei Boisnard, 88 Passage Choiseul im 2. Arrondissement, decke ich mich mit schönen, exklusiven Federhaltern, Stiften, Tinte, Papieren sowie mit carnets der legendären Marke La Compagnie du Kraft ein, die es seit den 30er-Jahren gibt. Auch parfümierte Caran-d'Ache-Bleistifte sind dort erhältlich. Den Laden gibt es seit den 20er-Jahren, entsprechend ist er bei alteingesessenen Parisern sehr beliebt. *opera@boisnard.fr*

Feinkost

EINE MADELEINE DE PROUST VON DEBAUVE ET GALLAIS

Debauve et Gallais, Rue des Saint-Pères im 7. Arrondissement, verkauft seit dem frühen 19. Jahrhundert auch heute noch mit derselben verkäuferischen Eleganz und Anmut exzellente Schokolade mit der Aufschrift »Chocolatier des Rois de France«. Die Geschichte des Ladens reicht bis ins 18. Jahrhundert zurück: Der damalige königliche Apotheker Sulpice Debauve erfand 1779 für Marie-Antoinette kleine Schokoladentabletten, die die Einnahme eines Medikaments gegen Kopfweh besser erträglich machen sollten. Diese Pistoles de Marie-Antoinette gelten – ganz ohne medizinische Wirksamkeit – als die ersten Schokoladentäfelchen der Welt. Könige und Adlige, Schriftsteller und Reisende lieben seitdem die Schokoladen des Hauses. Sogar Marcel Proust, der hier regelmäßig einkaufte, ist seit 1922 eine eigene Madeleine-Kreation gewidmet. Für Proust-Liebhaber das perfekte Weihnachtsgeschenk. Für mich muss es der Schwarztee Noël à Paris sein, der einzeln in dunkelrote Tüten abgefüllt wird. Zu Hause erinnert er mich dann mit seinem Marzipan- und Rosenduft an Weihnachten in Paris. *www.debauve-et-gallais.fr*

FEINKOST AUS DER PROVENCE

Die Provence inspiriert viele Franzosen auch in kulinarischer Hinsicht. Dort ist es üblich, zu Weihnachten sieben Gerichte und dreizehn Nachspeisen zu servieren. Bei den sieben Gerichten achtet man auf magere Kost; es kann sogar sein, dass kein Fleisch aufgetischt wird. Die süßen Leckereien sind einfache Naschereien wie etwa getrocknete Feigen, Rosinen, Haselnüsse und Mandeln. Diese vier nennt man les quatre mendiants, die vier Bettler. Man bekommt sie zum Beispiel bei La Mère de Famille. Im ältesten Feinkostladen der Hauptstadt weiß man diese fruits secs zu würdigen. Unter dem Kristallluster bekommt man über die edle Holztheke aus der Belle Époque die getrockneten Früchte überreicht. Den historischen Bodenkacheln würde man eher Wollpantoffeln wünschen anstelle nasser Winterstiefel, aber der historische Laden ertrug schon so einiges; Kriege und Revolutionen zogen vorbei und das vom jungen Entrepreneur Pierre-Jean Bernard im Jahr 1761 gegründete Geschäft steht noch immer stoisch da. Zum Glück für unser Noël! La Mère de Famille, 35 rue du Faubourg Montmartre, 75009 Paris

WEIHNACHTSTEE VON MARIAGE FRÈRES

Bei Mariage Frères in der 30 rue du Bourg-Tibourg im 4. Arrondissement – andere Filialen gibt es auch an der place de la Madeleine oder in der 260 Faubourg Saint-Honoré im 8. Arrondissement – tauche ich in die Geschichte des Tees ein. Die Firma wurde 1854 als Großhandel für Tee und Vanille in der Nähe des heutigen Centre Pompidou gegründet. Mazarin trank zwar schon 1639 Tee am Hofe, doch eigentlich stand das Getränk in der Hauptstadt lange im Schatten des Kaffees. Neben 1500 Sorten Tee (nicht nur in dessen typischer schwarzer Dose) sind auch Besonderheiten für Weihnachten erhältlich, die von den heutigen Besitzern von Mariage Frères eingeführt wurden: etwa Teesalz, Teegelee oder Weihnachtstee. Die salons de thé und auch der Aufenthalt im frei zugänglichen Teemuseum bieten sich geradezu an, sich bei schlechtem Wetter gemütlich aufzuwärmen. *www.mariagefreres.com*

HERBORISTERIE AUF DER PLACE DE CLICHY

Hinter der berühmten gelben Fassade findet man seit 1880 aufgereiht in Dutzenden Eichenregalen Tees, Kräuter, ätherische Öle und andere Heilmittel in Gläsern, Flaschen und Tüten. Im Haus Nummer 87 der Rue d'Amsterdam im 8. Arrondissement strömt mir immer ein wohltuender Duft entgegen. Die Kunden aus nah und fern nehmen auch mal eine Warteschlange in Kauf, um sich hier mit Naturprodukten zu versorgen. Wer die Möglichkeit hat, sollte das Geschäft gleich morgens aufsuchen, wenn es gerade öffnet, um sich mit einer oder mehreren der über 900 vorrätigen Kräuterarten zu versorgen. Zu Weihnachten empfehlen sich Kräutertees, ätherische Öle oder Handcremes, die recht unprätentiös in Papiertüten verpackt, dafür aber immer mit einem guten Rat versehen werden.
www.herboristerie-de-la-place-clichy.business.site

Ein weiterer, aber viel kommerziellerer Kräuterladen inmitten von Paris ist die Herboristerie du Palais Royal. Hier versorgen sich Pariser seit vielen Jahren mit schönen Seifen, Ölen, Kräutern oder natürlichen Pflegemitteln. Zu Weihnachten finde ich immer schöne Geschenke, die Michel Pierre, Kräuterexperte und Autor mehrerer Bücher zum Thema, empfiehlt. *www.herboristerie.com | www.deyrolle.com*

BONBON-MANUFAKTUR

In der Confiserie Artisanale Le Bonbon au Palais, 19 rue Monge im 5. Arrondissement, hole ich mir gerne Süßes aus den vielen gläsernen Bonbonnieren, berlingots de Pézenas, rosa pralines de Lyon, fleurs cristallisées, um meine Kuchen zu schmücken, oder petites roses entières, die ich gerne Freundinnen schenke. Typisch für Weihnachten sind meringues in Jesusform, fondants Jésus rose de Noël, guimauves de Noël, papillottes pâte de fruits, sucres d'orges rouge et blanc, sucette de Noël, filet de pièces en chocolat, boule de Noël und vieles andere mehr.
www.lebonbonaupalais.com

GALLIMARD
EN DÉCEMBRE
NOUVEAUX HORAIRES
LUNDI - SAMEDI : 10H - 20H
OUVERT LES DIMANCHES
4, 11 ET 18 DÉCEMBRE DE
10H À 20H
VOTRE LIVRE
JUSTE EN BAS DE
CHEZ VOUS
L'ARABE
DU FUTUR 6
PARIS

Kunst, Kultur & Kuriositäten

FLOHMARKT PUCES DE SAINT-OUEN

Der weltweit größte marché aux puces, Puces de Saint-Ouen im 18. Arrondissement, ist auf sieben Hektar Straßen, Bürgersteigen und überdachten Hallen die Destination für diejenigen, die Unikate, Vintage-Stücke und Skurriles als Weihnachtsgeschenke suchen. Geschirr, Möbel, Stoffe, Schmuck, Bücher, Objekte, Kunst ... im pittoresken und einmaligen Ambiente des seit 1885 bestehenden Ortes im Norden Paris' lässt es sich wunderbar für Weihnachten stöbern. Bereits Wochen vorher bieten die Händler Weihnachtsdekorationen, festliches Geschirr und anderes speziell für die Feierlichkeiten an.
www.pucesdeparissaintouen.com

AUKTIONSHAUS DROUOT

Möchte man nicht so weit in den Norden von Paris fahren, so bietet alternativ das bekannte Auktionshaus Drouot im Hôtel Drouot nahe der Bourse de Paris, 9 rue Drouot im 9. Arrondissement, an die 230 000 ausgestellte Objekte in nahezu 800 Auktionen im Jahr. Auf der Drouot-Website werden diese angekündigt. Am Tag vor der Auktion und manchmal auch morgens sind die Objekte zur Besichtigung freigegeben. Auktionsluft schnuppern kann jeder und verpflichtet sich zu nichts.
www.drouot.com

DIE ATHANASIE VON GRIBAUDO VANDAMME

Am westlichen Ende meiner Lieblingsgalerie, der Galerie Vivienne, liegt die besondere galerie d'estampes et de cartes anciennes, die der junge Gribaudo zum großen Glück vieler Sammler von seinem leider kürzlich verstorbenen, skurrilen und etwas griesgrämigen Großvater übernommen hat.
Dieser hat jahrzehntelang alte Drucke, Landkarten, Bücher und antike Globen in Auktionen ersteigert, auf Flohmärkten ergattert, durch Erbschaften und Hinterlassenschaften erhalten und gesammelt. Das Griesgrämige hat der junge Gribaudo nicht übernommen, dafür das feine Gespür seines Großvaters für all die wunderbaren Drucke und Karten. An seiner Leidenschaft für die alten Drucke lässt er die Kunden auch auf seiner Instagram-Seite @athanase_vivienne teilhaben. Er liebt außerdem ausgefallene Präsentationen seiner Produkte, eine Karte von Paris aus dem Jahr 1550 etwa wird von jazziger Musik untermalt – über so viel Geschäftstüchtigkeit würde sich der Großvater freuen.

LIBRAIRIE DELAMAIN

Eine der ältesten Buchhandlungen wie auch einer meiner liebsten Orte in meiner Heimatstadt befindet sich nahe der place Colette in der 155 rue Saint-Honoré und gegenüber der Comédie Française. Seit dem 18. Jahrhundert im Herzen der Stadt verankert und von den meisten Schriftstellern ihrer Zeit besucht, gehört sie mittlerweile dem Verlag Éditions Gallimard. Neben 25 000 Einzeltiteln findet man auch an die 5 000 Originale aus dem 18. und 19. Jahrhundert, obwohl die Buchhandlung ziemlich klein ist. Eine Anekdote, die die sieben angestellten Buchhändler gerne erzählen, wenn man sich mit ihnen in einem literarischen Plausch verliert, ist, dass François Truffaut wohl hier das Buch »Jules et Jim« erworben hat, das er später verfilmte. Egal, ob Truffaut oder Ottonormal, die Buchhändler geben sich unendlich Mühe, jedes gewünschte Buch zu finden, und geben sehr gute Empfehlungen. Zu Weihnachten eignen sich zum Beispiel alte Originalausgaben. Delamain ist ganz sicher meine allerliebste Buchhandlung. Die Pariser Partnerbuchhandlungen von Delamain sind ebenfalls einen Besuch wert: Le Divan im 15., Gallimard im 7. und De Paris im 17. Arrondissement.
Zu Weihnachten gibt es eine wundervolle Empfehlungsliste und alle drei Buchhandlungen bieten einen Bestellservice mit Fahrrad-Lieferung!
www.librairie-delamain.com
www.librairie-ledivan.com
www.librairie-gallimard.com
www.librairie-de-paris.fr

NATURKUNDETAFELN UND AUSGESTOPFTE TIERE BEI DEYROLLE

Tritt man in das Geschäft Deyrolle ein, denkt man, man stehe in einem Kuriositätenkabinett oder einem Naturkundemuseum. Und doch ist in der 46 rue du Bac im 7. Arrondissement alles zu kaufen: Bücher, Objekte und sogar präparierte Tiere (die alle eines natürlichen Todes gestorben sind) – die Spezialität des seit über 200 Jahren bestehenden Ladens für Taxidermie und Entomologie. Hier kehren – nicht nur zu Weihnachten – Naturwissenschaftler, Pädagogen und Dekorateure ein, auch Neugierigen steht die Tür des außergewöhnlichen Geschäftes offen, das viele malende und schreibende Künstler wie Salvador Dalí, Jean Dubuffet oder Vladimir Nabokov besuchten. Heute sind die Naturkundetafeln, -poster und -bücher von Deyrolle ein Teil der französischen Allgemeinbildung und ich kaufe dort gerne Spiele, Karten oder besondere botanische Poster.

KURIOSES BEI MARIN MONTAGUT

In der süßen 48 rue Madame im 6. Arrondissement steht der Künstler Montagut neben seiner Theke. Die handbemalten Porzellanobjekte, Papeterien, Gläser, Wandbehänge, Seidenschals und anderen Innendekorationsobjekte, die er verkauft, sind alle Unikate. Alles etwas überteuert, aber eine nette Hommage an Pariser Wahrzeichen wie die grünen Luxembourg-Stühle oder blau-weißen Straßenschilder. Der Laden ist zwar noch jung, aber er hat viel Herz für Historisches aus Paris; etwas touristisch für meinen Geschmack, doch andererseits mal etwas anderes, wenn man Mitbringsel von der Stadt sucht.
www.marinmontagut.com

PFEIFEN UND ALLERLEI ZUBEHÖR

Im A l'Oriental, im Garten des Palais Royal im 1. Arrondissement, findet man alles für Raucher. Doch auch für Nichtraucher ist das winzig kleine, völlig unaufgeräumte Universum rund um antike Pfeifen, kleine Tabakdosen aus der Zeit von Napoleon III. und andere Requisiten sehenswert. Scheinbar wartet im 1818 gegründeten Laden noch die Pfeife Georges Brassens' auf Besucher und Käufer!

Annie

Un goûter dans le salon de thé – *Teestunde*

Das typisch französische Heiße-Schokolade-, Tee- oder Kaffeetrinken mit etwas süßem Gebäck, le goûter, ist vor allem bei Kindern nach Schulschluss beliebt und so etwas wie die tea time der Engländer. Unzählige Teesalons, aber auch Patisserien haben sich darauf spezialisiert.

In allen genannten chocolateries ist beste Schokolade für die Herstellung von Gebäck und Trüffel erhältlich. Die Manufaktur im eigenen Heim lohnt sich – das ganze Haus riecht dann herrlich nach Schokolade. Das macht gute Laune und erinnert mich an meine Tante Charlotte!

In der Vorweihnachtszeit, wenn es draußen schon dunkel wird, öffnen sich unzählige Türen dafür, sodass man seinen Einkaufsbummel damit beenden oder sich zumindest eine erholsame Pause von all dem vorweihnachtlichen Trubel gönnen kann. Im Muscade Salon de Thé, 36 rue de Montpensier, nahe der Comédie Française im 1. Arrondissement, entspannen wir uns gerne bei einer herrlichen heißen Schokolade und einem paris-brest, während wir den Blick auf die winterlichen Gärten des Palais Royal genießen. *www.muscadepalaisroyal.fr*

WEITERE EMPFEHLUNGEN FÜR EINE KÖSTLICHE HEISSE SCHOKOLADE

Chocolaterie Cyril Lignac, 25 rue Chanzy im 11. Arrondissement, die man aufgrund der blauen Fassade kaum verfehlen kann. www.lachocolateriecyrillignac.com

Die stylische Rose Bakery, 46 rue des Martyrs im 9. Arrondissement. www.rosebakery.fr

Das elegante und historische Café de Flore, 172 boulevard Saint-Germain, wo ich mich liebend gern für einen chocolat spécial Flore oder einen chocolat viennois entscheide. www.cafedeflore.fr

Die Chocolaterie Jacques Genin, 27 rue de Varennes im 7. Arrondissement. www.jacquesgenin.fr

Oder Angelina, 226 rue de Rivoli im 1. Arrondissement. Hier ging schon Coco Chanel ein und aus. www.angelina-paris.fr

Le savon chocolat-menthe de ma tante Charlotte

Tante Charlottes Pfefferminz-Schokoladenseife

Tante Charlotte kannte viele Rezepte, für die ihre Lieblingsschokolade, 70-prozentige Bruch-Bitterschokolade aus Venezuela, Verwendung fand, so auch für eine ganz besondere Seife:

Für ihre Pfefferminz-Schokoladenseife bereitete sie aus frischen Minzblättern 75 ml starken Pfefferminztee zu, dem sie den Saft einer Zitrone, die abgeschabten Flöckchen eines Stücks unparfümierter weißer Seife und 80 g geriebene Schokolade hinzufügte. Dieses Gemisch erhitzte sie, bis sich die Seife und die Schokolade verflüssigt hatten. Sobald es erkaltet war, fügte sie 2 EL frisch gehackte Pfefferminzblätter, 1 EL Haferflocken und 5 Tropfen Pfefferminzöl hinzu. Dieses Gemisch goss sie in kleine Formen. Damit die Seifen keine Risse bekamen, bedeckte sie sie mit einem Küchentuch, und nach zehn Tagen konnten sie aus den Formen genommen werden. Tante Charlotte verpackte sie dann in schönes Seidenpapier und umwickelte sie mit Blümchenbändern. So hatte sie immer einen Vorrat an originellen Mitbringseln zu Weihnachten.
Tante Charlotte beherrschte die Kunst der Aufbewahrung. Ihre selbst gemachten Seifen und auch Schokoladentrüffel lagerten in Blechdosen im Keller.

Schokolade sollte möglichst luftdicht abgeschlossen und kühl aufbewahrt werden, die ideale Temperatur liegt bei 16 bis 18 Grad. Das gilt auch für die »hochprozentige« Bitterschokolade aus Venezuela, mit der Tante Charlotte ihre heiße Schokolade zubereitete: Sie rührte exakt 250 g davon in 600 ml Milch. Das sei das richtige Verhältnis, sagte sie.

Heute beschreibe ich den Geschmack von Schokolade mit genau den Wörtern, die sie benutzt hat, und weiß, dass es Menschen mit einer »Schokoladen-Nase« gibt.

Wenn sie zum Chocolatier Grandin bei uns in Saint-Germain-en-Laye ging, um ihre Vorräte an Schokolade aufzufüllen, legte sie immer ein höchst misstrauisches Verhalten an den Tag: Sie beäugte den Glanz der Schokoladen, prüfte unerlaubterweise, wenn sie sich unbeobachtet glaubte, ob sie samtig und glatt waren, und roch an ihnen wie an einem Wein. Wenn sie sich für ihr Verhalten rechtfertigte, benutzte sie dasselbe Vokabular wie bei der Beschreibung eines guten Weins: Die Wörter »weich« und »elegant« waren ja noch relativ normal, doch wenn sie von »fruchtig« oder »aromatisch«, gar von einer »dominanten Note« sprach, wurde ich skeptisch. Mir genügte es, wenn Schokolade schmeckte. Heute beschreibe ich den Geschmack von Schokolade mit genau den Wörtern, die sie benutzt hat, und weiß, dass es Menschen mit einer »Schokoladen-Nase« gibt. Die muss sie wohl gehabt haben, ma chère tante Charlotte!

MAISON FONDÉE EN 1800
DEBAUVE & GALLAIS

Truffes au chocolat noir de ma chère tante Charlotte

Dunkle Schokoladentrüffel meiner lieben Tante Charlotte

Meine Tante Charlotte füllte ihre Schokoladentrüffel in eine luftdicht verschließbare Dose und bewahrte sie im Kühlschrank auf.

ZUTATEN FÜR ETWA 50 STÜCK

30 g süße Sahne
2–3 EL hochprozentigen Alkohol, z. B. Cointreau oder Cognac
650 g feine dunkle Schokolade (mind. 70 %), fein gehackt
100 g Puderzucker
150 g Kakaopulver

ZUBEREITUNG

In einem kleinen Topf auf niedriger Stufe die Sahne zum Kochen bringen. Den Topf vom Herd nehmen und den Alkohol hinzufügen. Die Flüssigkeit nur erhitzen, nicht kochen.

Nach und nach unter stetigem Rühren mit einem Holzlöffel die Schokolade und den Puderzucker hinzufügen und darauf achten, dass die gesamte Schokolade schmilzt.

Die Masse für 2 Stunden in den Kühlschrank stellen. Mit einem Teelöffel kleine Portionen aus der Schokoladenmasse abstechen. Diese mit kalten Händen zu Kugeln formen und auf Backpapier legen.
Das Kakaopulver in einen Suppenteller sieben.
Die Kugeln vom Papier lösen und im Kakaopulver wälzen.

Galettes de Noël simples

Einfache Weihnachtsplätzchen

Tipp:
Diese Plätzchen kann man in unzähligen Variationen zubereiten, etwa mit Honig, Zimt oder gemahlenen Mandeln statt Mehl. Sollen die Plätzchen salzig statt süß sein, empfiehlt sich die Zugabe von 70–100 g geriebenem Käse. Eine wunderbare Alternative zu Chips als Begleitung zu einem Aperitif!

ZUBEREITUNG

Die Butter bei niedriger Temperatur in einem Topf zerlassen. Nach und nach den Zucker, den Vanillezucker und zwei Eier hinzufügen und mit einem elektrischen Rührgerät etwa 10 Minuten schaumig rühren. Das Mandelöl und das Salz unterrühren. Nach und nach das Mehl hinzugeben und gut vermengen. Die Milch hinzugeben und so lange kneten, bis ein gut formbarer Teig entsteht. Diesen 1 Stunde ruhen lassen.

Den Backofen auf 180 °C Ober-/Unterhitze (Umluft: 160 °C) vorheizen. Den Teig mit dem Nudelholz dünn ausrollen und mit Plätzchenausstechern oder mit einem umgedrehten Glas Formen ausstechen.

Die Plätzchen mit dem Eigelb bepinseln und nach Belieben mit bunten Zuckerstreuseln, Rosinen oder Walnüssen verzieren.

Auf mit Backpapier belegte Bleche verteilen und im vorgeheizten Backofen auf mittlerer Schiene 10–15 Minuten backen. Darauf achten, dass sie nicht zu braun werden. Die Plätzchen aus dem Backofen nehmen, auf einem Kuchengitter auskühlen lassen und in Blechdosen aufbewahren.

FÜR 30–40 PLÄTZCHEN

250 g Butter
200 g Zucker
1 Päckchen Vanillezucker (à 8 g)
2 Eier plus 2 Eigelb zum Bepinseln
ein paar Tropfen Mandelöl
1 Prise Salz
500 g Weizenmehl Type 405
125 ml Vollmilch
bunte Zuckerstreusel, Rosinen oder Walnusskernhälften zum Verzieren (optional)

Galettes de Noël aux amandes

Weihnachts-Mandelplätzchen

Zur heißen Schokolade genießen wir gerne ein paar Weihnachts-Mandelplätzchen.

ZUBEREITUNG

Die Butter auf niedriger Stufe in einem Topf zum Schmelzen bringen. Nach und nach den Zucker, den Vanillezucker und zwei Eier hinzufügen und mit einem elektrischen Rührgerät etwa 10 Minuten schaumig rühren.

Nach und nach das Mehl, die Mandelkerne, den Zimt, das Salz und das Mandelöl hinzugeben und gut vermengen. Ein wenig von der Milch hinzugeben und so lange kneten, bis ein gut formbarer Teig entsteht. Diesen 1 Stunde ruhen lassen.

Den Backofen auf 180 °C Ober-/Unterhitze (Umluft: 160 °C) vorheizen. Den Teig mit dem Nudelholz dünn ausrollen und mit Plätzchenausstechern oder mit einem umgedrehten Glas Formen ausstechen.

Die Plätzchen mit dem Eigelb bepinseln und nach Belieben mit je einer Mandel verzieren.

Auf mit Backpapier belegte Bleche verteilen und im vorgeheizten Backofen auf mittlerer Schiene 10–15 Minuten backen. Darauf achten, dass sie nicht zu braun werden.Die Plätzchen aus dem Backofen nehmen, auf einem Kuchengitter auskühlen lassen und in Blechdosen aufbewahren.

FÜR CA. 30–40 PLÄTZCHEN

250 g Butter
200 g Zucker
1 Päckchen Vanillezucker (à 8 g)
2 Eier plus 2 Eigelb zum Bepinseln
250 g Weizenmehl Type 405
250 g Mandelkerne, gemahlen
1 TL gemahlener Zimt
1 Prise Salz
ein paar Tropfen Mandelöl
125 ml Vollmilch
2 Eigelb
30–40 Mandelkerne zum Verzieren (optional)

PAIN D'EPICE
RUCHER du MORVAN
Port-de-l'Homme
Tél. 03 86 78 02 43
Poids net :
250 g

Pain d'épices traditionnel

Traditioneller Honigkuchen

Zum weihnachtlichen goûter, aber auch zum buffet de réveillon passt ein pain d'épices. Traditionellerweise wird es nach einem sehr alten, historischen Rezept zubereitet, das erst durch Mönche in Frankreich bekannt wurde. Sie hielten für die Herstellung der Klosterkerzen Bienen und erfanden etliche Rezepte, um den Honig zu nutzen. Verkauft wurden die Honigbrote an den Pilgerwegen und da sie sich gut hielten, verbreiteten sie sich beim französischen Volk sehr schnell. Um die klösterliche Herkunft weiterhin zu betonen, benutzte man hölzerne Formen und verkaufte die Brote fortan vor allen Dingen in der Vorweihnachtszeit.

ZUTATEN FÜR EINE KASTENFORM (30 CM LÄNGE)

100 ml Vollmilch
60 g Zucker
170 g Honig
2 Eigelb
250 g Weizenmehl Type 405
1 TL Hirschhornsalz
Butter zum Einfetten

ZUBEREITUNG

Den Backofen auf 200 °C Ober-/Unterhitze (Umluft: 180 °C) vorheizen.

In einem Topf die Milch, den Zucker und den Honig auf niedriger Stufe erwärmen, bis sich Zucker und Honig aufgelöst haben.

In einer Schüssel die Hälfte der lauwarm abgekühlten Milchmischung mit dem Eigelb verrühren. Nach und nach das Mehl, das Hirschhornsalz und den Rest der Milchmischung unterrühren. Den Teig 20 Minuten von Hand oder 10 Minuten mit einem elektrischen Rührgerät kneten.

Eine Kastenform mit der Butter einfetten und mit Backpapier auslegen. Den Teig hineinfüllen und im vorgeheizten Backofen auf mittlerer Schiene etwa 60 Minuten backen. Das Pain d'épices aus dem Backofen nehmen und auf einem Kuchengitter abkühlen lassen.

Pâtes de fruits

Geleefruchtwürfel

Tipp:
Pâtes de fruits kann man auch gut aus Zitronen oder Quitten herstellen. Sie können pur genossen werden oder sie sind zusammen mit Trockenobst, Mandeln, Nüssen und einem guten, kräftigen Krustenbrot ein idealer Snack für Gäste. Sie verleihen aber auch einer Vorspeise oder einem Dessert eine besondere Note, etwa einer gepfefferten Gänseleberterrine, einem Bratapfel oder einem scharfen, trockenen Ziegenkäse. Als Bestandteil einer Vor- oder Nachspeise sollten sie in feine Streifen geschnitten werden.

ZUTATEN FÜR EIN BACKBLECH

1,5 kg Früchte, etwa schwarze Johannisbeeren oder Himbeeren, gewaschen und von den Stielen befreit
Zucker
Saft von 1 Zitrone

ZUBEREITUNG

In einem großen Topf die Früchte in 1,5 l Wasser auf mittlerer Stufe so lange kochen, bis sie beinahe zerfallen.

Die Früchte durch eine flotte Lotte passieren, das passierte Obst anschließend abwiegen und die gleiche Menge Zucker sowie den Zitronensaft unterrühren.

Nach etwa 15 Minuten beginnt die Masse einzudicken. Nun 3–5 Tage an der Luft trocknen lassen.

Die getrocknete Masse etwa 2 cm dick auf ein mit Backpapier ausgelegtes Backblech streichen und nochmals 3–5 Tage an einem kühlen, trockenen Ort trocknen lassen.

Das Gelee in Würfel schneiden und in Zucker wälzen. Die pâtes de fruits lassen sich sehr gut über einen längeren Zeitraum in Blechdosen aufbewahren.

Macarons cannelle-orange

Orangen-Zimt-Macarons

ZUBEREITUNG

Den Backofen auf 210 °C Ober-/Unterhitze (Umluft: 190 °C) vorheizen.

Für die Macarons die Mandelkerne mit dem Puderzucker und dem Zimt in einer Schale vermengen. Je eine Hälfte des Eiweißes zusammen mit dem Zucker sowie roter bzw. gelber Lebensmittelfarbe in einer weiteren Schüssel steif schlagen. Die Mandel-Zucker-Mischung vorsichtig unter den Eischnee heben.

Einen Spritzbeutel mit einer Lochtülle von etwa 1 cm ø (Nr. 10 für kleine Macarons, Nr. 12 für größere) mit dem Teig befüllen.

Im Abstand von mindestens 3 cm zueinander kleine Taler auf ein mit Backpapier ausgelegtes Backblech spritzen. Idealerweise dieses Backblech auf einem weiteren Backblech platzieren, damit die Macarons im Backofen nicht zu schnell backen und noch einen weichen Kern behalten. Kleine Macarons 8 Minuten, große Macarons 12 Minuten bei leicht geöffneter Backofentür auf mittlerer Schiene im vorgeheizten Backofen backen. Anschließend die Macarons auf einem Kuchengitter abkühlen lassen.

Für die Orangencreme den Orangensaft und -abrieb, die Butter und die Hälfte des Zuckers erhitzen. Die Eier, das Eigelb, das Maismehl und die andere Hälfte des Zuckers zusammen cremig aufschlagen. Die Orangencreme-Masse vorsichtig mit der Eier-Mehl-Masse vermengen, beides zusammen zum Kochen bringen und 2–3 Minuten köcheln lassen. Die Creme im Topf erst in kaltes Wasser tauchen und dann mit aufgelegtem Deckel in den Kühlschrank stellen, damit sie schnell erkaltet.

Auf der einen Hälfte der fertig gebackenen und vollständig abgekühlten Macarons mithilfe eines Spritzbeutels mit einer kleinen Lochtülle (etwa Nr. 6) Orangencreme verteilen und mit je einem nicht mit Creme versehenen Macaron zusammensetzen. Die Creme in den Macarons im Kühlschrank fest werden lassen.

ZUTATEN FÜR 10 GROSSE MACARONS ODER 40 KLEINE

Für den Macaron-Teig

110 g geschälte Mandelkerne, sehr fein gemahlen
200 g Puderzucker
1 TL Zimtpulver
3 Eiweiß
50 g Zucker
je 8 Tropfen rote und gelbe Lebensmittelfarbe

Für die Orangencreme

Saft von 3 Orangen
Abrieb von 1 unbehandelten Orange
80 g Butter
60 g Puderzucker
2 Eier und 1 Eigelb
15 g Maismehl

CUBE

La fête de l'amour

Das Fest der Nächstenliebe

EHRENAMTLICHE HILFE

Paris ist nicht nur an Weihnachten eine Stadt voller Widersprüche und manchmal schwer auszuhaltender Kontraste, vor denen selbst alteingesessene Pariser gerne fliehen würden (und es auch tun, soweit sie es können).

In der lichterfüllten Weihnachtszeit gibt es auch unendlich viel Schatten. In der Stadt voller Menschen gibt es Einsamkeit, weniger schöne Ecken, Lärm, Unhöflichkeiten und raue Sitten.

Paris ist bunt und lebendig und ein Schmelztiegel vieler Menschen unterschiedlicher Nationalitäten – 110 an der Zahl –, die mit ihren unterschiedlichen Lebensarten manchmal aneinandergeraten. Das Leben hier ist zudem teurer als anderswo auf der Welt. Um die zwei Millionen Menschen leiden in der Hauptstadt und vor allem um diese herum unter Armut. Viele davon feiern Weihnachten, jeder auf seine Art. Für diejenigen, die während ihres Paris-Aufenthalts auch etwas von ihrer Zeit den sozial Benachteiligten schenken möchten, bietet die Stadt gerade zur Weihnachtszeit eine Fülle an sogenannten bénévolats Noël, weihnachtlichen Freiwilligendiensten, an – man kann etwa die Armenküche unterstützen, vereinsamte Personen begleiten oder bei der Sammlung alter Spielsachen helfen. Ich kenne einen Mann, der jedes zweite Jahr seine Zeit an Weihnachten in den guten Zweck investiert. Jede helfende Hand ist willkommen, egal wie lange, egal mit welchen Sprachfähigkeiten und egal bei welcher Organisation. Arbeitseinsätze wie auch Geldspenden sind möglich, die genau zur Weihnachtszeit bei den Richtigen ankommen.

EINE NETTE GESTE!

Wer in der Weihnachtszeit etwas achtsamer unterwegs ist, der wird von alleine erkennen, wo Zeichen der Güte und Liebe und kleine Aufmerksamkeiten möglich sind.

Man kann zum Beispiel an die Orte gehen, wo es möglich ist, jemandem Bedürftigen einen café suspendu zu spendieren – und schon hat man etwas Gutes getan! Diese aus Neapel und kurz nach dem Zweiten Weltkrieg stammende Tradition des caffè sospeso (nicht nur für sich einen Kaffee zu kaufen, sondern gleich auch einen zweiten für einen Bedürftigen) hat sich in Frankreich in den letzten Jahren verbreitet. In Pariser Cafés oder Restaurants weisen Schilder auf die Möglichkeit hin, so etwa im Polidor, dem legendären, aus dem Film »Minuit à Paris« bekannten und einem der ältesten restaurant-crèmeries der Haupstadt, 42 rue Monsieur le Prince im 6. Arrondissement.

HIER EINE AUSWAHL VON INSTITUTIONEN, DIE MAN AM BESTEN VORAB KONTAKTIERT, UM HILFSMÖGLICHKEITEN ABZUKLÄREN:

Société Saint-Vincent-de-Paul
www.ssvp.fr/devenir-benevole

Secours Populaire Français
www.secourspopulaire.fr/peres-noel-verts

Handicap International
www.handicap-international.fr/fr/mobilisation/index

Fondation de France (organisiert 150 réveillons de solidarité)
www.fondationdefrance.org/fr/reveillons-la-solidarite

Armée du Salut (bei den soupes de nuits, der Nachtsuppen-Verteilung in Paris, helfen)
www.armeedusalut.fr/nous-rejoindre/benevolat

Secours Catholique www.secours-catholique.org

Restos du Cœur www.restosducoeur.org/devenir-benevole

Croix Rouge www.croix-rouge.fr/Je-m-engage

Petits Frères des Pauvres www.petitsfreresdespauvres.fr/nos-actions/organiser-activites-collectives/noel

La Mie de Pain www.miedepain.asso.fr/devenir-benevole/

Paris en Compagnie www.parisencompagnie.org/

Französischkenntnisse sind von Vorteil bei bénévolats, aber nicht Pflicht. Keine Scheu! Fragen Sie einfach nach!

Da in Frankreich das Baguette als Grundnahrungsmittel und unverzichtbarer Teil des Lebens gilt, wurde die Tradition des café en attente auch auf die Baguettes ausgeweitet. Bäckereien schreiben dabei auf ihre Schiefertafeln, wie viel baguettes en attente oder baguettes suspendues sie übrig haben, sodass sich Bedürftige melden können. Eine baguette suspendue kostet zwar doppelt so viel, hilft aber und ist eine wunderbare Geste, nicht nur an Weihnachten!

L'avent

Vorweihnachtszeit voller Lichterglanz

In Frankreich nennt man die Adventszeit l'avent (vom lateinischen adventus, die Ankunft). Als Zeichen der Hoffnung und des Wartens und zur Vorbereitung auf die Ankunft von Jesus Christus wird in den vier Wochen vor Weihnachten auf einem Tannenzweigkranz jeweils sonntags eine Kerze angezündet. Die Franzosen übernahmen dies von einem deutschen Brauch aus dem 19. Jahrhundert, der, wie so viele Weihnachtstraditionen, zunächst im Elsass Fuß fasste. Noch vor 30 Jahren war er in Paris und in anderen Regionen Frankreichs fast gar nicht verbreitet. Heute schmücken viele Adventskränze nicht nur die Wohnungen, sondern auch die Türen von Pariser Boutiquen und Häusern.

La capitale illuminée

Die Hauptstadt leuchtet

Paris zieht sich im Winter und ganz besonders in der Weihnachtszeit ein Kleid aus Millionen von Lichtern an. Die Magie des Lichtes entfaltet sich nach und nach.

Anfang November schon werden Lichtergirlanden mit bunten oder warmweißen Birnen aufgehängt. Die Straßen der ville lumière, wie Paris gerne genannt wird, fangen an zu erstrahlen. Farben und Lichter verleihen den Straßen und Gebäuden eine fantastische, gar eine feenhafte Atmosphäre und stimmen Bewohner und Besucher ein auf das, was kommt: Noël, Weihnachten in Paris!

UNTERM LICHTERHIMMEL VON PARIS

Für eine der schönsten und beliebtesten Jahreszeiten in der Hauptstadt erschafft nicht nur die Stadt Paris, sondern auch große Kaufhäuser, kleine Geschäfte, Vereine, Schulen, Kirchen und Privatorganisationen magisch animierte Dekorationen, Krippen und Lichtinstallationen. In den Gärten, großen wie kleinen Straßen und Parks, an kirchlichen wie städtischen Gebäuden und Monumenten, in den grands magasins und auch in den umliegenden Freizeitparks sowie in den Zirkussen und Konzertsälen der Stadt erfreuen die Weihnachtsdekorationen die Menschen manchmal für zwei bis drei Monate rund um Weihnachten.

Die Noël-Zeit mit ihren Festen, Kirchen-Feierlichkeiten, Weihnachtsshows, -spektakeln, -märkten und -paraden wäre nichts ohne die entsprechenden, sie begleitenden Lichtilluminationen. Die Millionen Weihnachtslichter fügen sich in das Stadtbild ein und ergänzen die schon zahlreichen Lichter, mit denen Paris in der Nacht seine Straßen und Gebäude sowieso seit eh und je beleuchtet.

PARIS – MAGIE DER VILLE LUMIÈRE

Der Ausdruck ville lumière, Stadt der Lichter, stammt aus dem 17. Jahrhundert. Ludwig XIV. und sein Minister Jean-Baptiste Colbert suchten nach Möglichkeiten, die französische Hauptstadt von der Last der Diebstähle und Einbrüche bei Nacht zu befreien. Der Pariser Präfekt Gilbert Nicolas de la Reynie bat entsprechend alle Bewohner, Kerzen und Öllampen in die Fenster zu stellen, und ließ Fackeln und Laternen an den großen Achsen der Stadt aufstellen. Die Stadt wurde hell erleuchtet und Diebe hatten weniger Gelegenheiten zuzuschlagen. Paris konnte seinem Ruf als ville lumière weiterhin gerecht werden, als der Erfinder der Gasbeleuchtung, Philippe Lebon, im Jahr 1820 in Paris seine Entwicklung bekannt machte.

PARIS IM KERZENSCHEIN

Was wäre Paris, vor allem in der Weihnachtszeit, ohne seine Lichter, frage ich mich, wenn ich abends in meiner winterlichen Heimatstadt durch die Straßen schlendere. Noch im 17. Jahrhundert beleuchteten Kerzenlichter in über 6000 Laternen die Stadt. Das warme, gedämpfte Licht strahlte immer am Anfang und Ende sowie manchmal auch an weiteren Stationen der Straßen. Sie wurden damals nur zwischen November und Februar angezündet – im Prinzip wie die heutige Weihnachtsbeleuchtung! Erst zu Beginn des 18. Jahrhunderts hievte man mithilfe von Seilwinden Laternen an die mehrstöckigen bourgeoisen Gebäude. Zwar war jeder bürgerliche Hausbesitzer per Erlass der Stadtverwaltung angehalten, seine Hauslaterne anzuzünden, doch oft scherten sich die Bewohner nicht um den Erlass, weil sie sich in ihrem Zuhause sicher fühlten.

Es klappte erst zuverlässig, als professionelle Anzünder eingestellt wurden. Die allumeurs de lanternes hatten mit dem Aufkommen der Öllampen nach 1763 ihre bedeutsamste Zeit. An die fünf Meter hohen réverbères, die alle 60 Meter stehenden

Straßenlaternen, gelangten sie nur mit langen Leitern heran. Das Straßenbild von Paris war durchzogen von diesen allumeurs de lanternes, die mit ihrer Leiter auf der Schulter von Laterne zu Laterne liefen und diese nach und nach anzündeten. Sie hatten viel zu tun, mittelweile gab es 8 000 Laternen und 4 200 réverbères im Pariser Stadtraum. Bis Gas- und anschließend Strom die Beleuchtung mit Kerzen und Öl ersetzte, die Nostalgiker heute von ihrem warmen Licht schwärmen lassen, dauerte es noch ein wenig.

Ein bisschen erinnert der in Paris traditionell Mitte Novmeber zelebrierte Moment des »Anzündens«, der Start der Weihnachtsilluminationen um Punkt 18 Uhr, an das Anzünden der Laternen durch die allumeurs de réverbères. Ein französischer Musik- oder Film-Star, der zusammen mit Kindern der Association Petits Princes seit einigen Jahren den Startknopf vor Medien und staunendem Publikum auf den Champs-Elysées drücken darf, damit auf einmal die meist rote Weihnachtsbeleuchtung von 80 000 Lichtern an über 400 Bäumen an der Prachtstraße der Hauptstadt angeht, hat eigentlich nichts mehr mit dem einfachen Mann und seiner Leiter auf der Schulter, seiner Schiebermütze auf dem Kopf und dem hochgezogenen Kragen zu tun. Doch der magische Moment ist derselbe, wenn die Stadt plötzlich in ein weihnachtliches Lichtermeer gehüllt wird. Begleitet wird er von leichtem Raunen und einer persönlichen Ergriffenheit beim Anblick des Lichts, das zum ersten Mal erwacht und einen zart blendet, was jedoch vor den anderen etwas verschämt versteckt wird. Ville lumière, ja, der Name steht meiner Heimatstadt ganz besonders im Winter gut.

Paris à la lueur de la bougie

Paris im Kerzenschein

Weitab von den aufregenden Weihnachts-Illuminationen in Paris, für die jedes Jahr Touristen aus aller Welt in die Stadt kommen, gibt es auch leisere, zartere, gedämpftere Weihnachtsbeleuchtung in Paris – Kerzenlicht.

CIRE D'ABEILLES – BIENENWACHS

Bienen schwitzen aus ihren Wachsdrüsen eigentlich weißes Wachs. Der typisch gelborange Ton der Bienenwachskerzen entsteht durch die Aufnahme eines Inhaltsstoffes eines Blütenpollens, des Pollenöls, das wiederum den Naturfarbstoff Carotin enthält. So wird Bienenwachs gelblich orange. Das Wachs wird gereinigt und gebleicht, dann kommt es als Cera Alba (weißes Wachs) in den Handel und kann zu den schönen Bienenwachskerzen, die wir kennen, weiterverarbeitet werden.

Aus 100 % Bienenwachs und mit 100 % Baumwoll-Dochten stellt auch die Firma Miel de Paris in Handarbeit sogenannte cierges, große Bienenwachskerzen, her. Sie werden in moules à cierges gegossen und erkalten mindestens vier Stunden. Nur vier Stück der großen, 20 Zentimeter langen und 630 Gramm schweren Kerzen, die ein schönes, gedämpftes Licht geben, schafft die kleine Manufaktur pro Tag. Ihre Bienen sind echte Pariserinnen! Sie leben in Paris und der banlieue, den Vororten von Paris, und ihre Bienenstöcke sind auf Dächern, in Parks und Gärten platziert.

Die Manufaktur Miel de Paris ist ein Garant für echte Handarbeit und Naturqualität. Zu Weihnachten kaufen die Menschen dort auch Honig für ihre Backwaren und Weihnachtsgebäck. *www.miel-paris.com*

WUSSTEN SIE ES?
IN CONCIERGE STECKT CIERGE!

Ein für Paris typischer, aber aussterbender Beruf ist der des concierge, eine Mischung aus Hausmeister und Wachmann. Die Berufsbezeichnung gab es schon im 12. Jahrhundert für Angestellte in Palästen, vermögenden Privathaushalten oder Schlössern. Ihre Herkunft ist nicht vollständig geklärt, doch laut einer von mehreren Theorien stammt der Begriff vom lateinischen Wort cera, französisch cire, für Wachs ab. Der concierge wacht also über das Haus und hält Kerze oder Lampe in der Hand, wenn er seine Runden dreht.

Noch arbeiten die Kerzenmacher der Stadt, die ciergeries genannt werden. Die älteste ciergerie der Welt ist Cire Trudon.

Im Jahr 1643 eröffnete Claude Trudon in der rue Saint-Honoré eine épicerie-ciergerie und spezialisierte sich kurz darauf auf die Manufaktur von Wachs auf der Basis von Bienenwachs. Bienenwachskerzen waren damals das einzige Beleuchtungsmittel. Trudon wurde Lieferant des Königshofs und von Frankreichs Kirchen. Mit dem Kauf der Manufacture Royale des Cires im Süden von Paris wuchs die Produktion und die Stellung der Trudons am Hofe und später nach der Revolution auch unter Napoléon I. Cire Trudon (*www.trudon.com*) ist eine der prestigeträchtigsten Bienenwachsmanufakturen der Welt. Seit Anfang des 20. Jahrhunderts wird das Wachs aus der Normandie bezogen und der Firmenspruch »Deo regique laborant«, was so viel heißt wie »Sie (die Bienen) arbeiten für Gott und für den König«, wird auch heute noch hochgehalten. Das Engagement für Nachhaltigkeit drückt sich in der Unterstützung zum Schutz der Dunklen Europäischen Bienen im regionalen Naturpark Perche aus, wo sich die Trudon-Manufaktur befindet. Von der Liebe zu den Bienen und ihrem Wachs ist in dieser historischen, edlen Firma viel zu spüren. Durch den Kauf dieser Kerzen, von den Verkäufern behutsam in parfümiertes Seidenpapier verpackt und mit Schleifenband versehen, bringe ich davon etwas mit nach Hause.

NOCH MEHR KERZEN

Die Kerzen-Kollektion von Abeillus Collection Ville de Paris ehrt Stadtteile und Monumente von Paris in acht Duftkerzen: Le Marais, place des Victoires, Butte Montmartre, place Vendôme, Canal Saint-Martin, Champs-Élysées, Saint-Germain-des-Prés und Île Saint-Louis. Sie sind in Zusammenarbeit mit Parfümeuren aus Grasse kreiert, moderner und preiswerter als Trudon- oder Diptyque-Kerzen und dennoch eine schöne Erinnerung an Paris in Kerzenform.

Die junge Kerzenfirma Ensō benutzt für ihre Duftkerzen in Zusammenarbeit mit Emmaüs recycelte Schalen, Töpfe oder Gläser (*www.enso-paris.fr*). Wer in Frankreich kennt nicht die karitative Organisation Emmaüs (*www.emmaus-paris.fr*), die 1954 vom Abbé Pierre gegründet wurde! In ihren Läden an den verschiedensten Standorten auf der Welt – allein in Paris unterhält sie acht boutiques solidaires – werden zu Weihnachten große Weihnachts-Verkaufstage organisiert. Französische Weihnachts-Accessoires, wie Weihnachtsschmuck, alles für den festlichen Tisch, Geschenke oder Spielzeug, werden aufbereitet und bekommen so neue glückliche Besitzer. Alle Gegenstände sind vintage und ihnen ist ein Hauch Skurrilität eigen. Mit dem Geld werden seit Jahrzehnten karitative Vorhaben finanziert.

Kommen Sie mit zu einem Kerzenspaziergang?

PREMIÈRE BOUGIE AM HÔTEL TRUDON

Mein Kerzenspaziergang fängt genau im Herzen von Paris im 1. Arrondissement am Hôtel Trudon mit seinem dunkelblauen Eingangstor aus dem 18. Jahrhundert an. Es wurde nahe der Rue Saint-Honoré, 52 rue de l'Arbre Sec, für die Familie Trudon gebaut. Die Trudon-Kerzen sind nicht nur die ältesten der Welt, sondern auch Luxusgüter geworden. Sie werden von den Königshäusern und besten Hotels und Restaurants der Welt das ganze Jahr über bezogen und mit den besten Düften von den begabtesten Parfumkreateuren vermählt. Zu Weihnachten werden die Bienenwachs-Duftkerzen in der Form von Büsten berühmter Franzosen in edlen Glasbehältnissen in Champagnerkübelform, die in Glasmanufakturen hergestellt werden, verschenkt.
Bougies de la Madeleine heißen wiederum die einfachen, langstieligen Kerzen, die in Kandelaber gesteckt werden. Diese sind zu Weihnachten in bürgerlichen Pariser Familien der Renner und auch wir benutzten sie zu Hause anlässlich des Festes. Trudons Kerzen finden sich aber nicht nur in Pariser Haushalten und Hotels wieder, sondern auch seit eh und je in Kirchenhäusern. Das christliche Weihnachtsfest mit allen seinen in den Kirchen gefeierten Messen und Gebeten ist Anlass für die Bestellung vieler cierges, wie die großen, dicken Kerzen genannt werden, die den Altar und die Kirchenräume schmücken.

DEUXIÈME BOUGIE IN DER PFARRKIRCHE SAINT-ROCH

Eine der Kirchen, die Trudon-Bienenwachskerzen seit Anbeginn im Jahr 1643 beziehen, ist die Pfarrkirche Saint-Roch, 284 rue Saint-Honoré. Im frühen 16. Jahrhundert wurde sie im damals vor den Toren von Paris gelegenen Vorort Saint-Honoré als kleine Kapelle zu Ehren der heiligen Susanna gebaut und im Laufe der Jahrhunderte zu einer der größten Kirchen Paris' ausgebaut. Pierre Corneille, Denis Diderot oder André le Nôtre liegen hier begraben. Ich schreite in eine der zur Weihnachtszeit am schönsten illuminierten Kirchen von Paris. Die Kerzenbeleuchtung der Pfarrkirche in der Adventszeit und speziell an Weihnachten hüllt die Messen und Gebete in ein warmes, dämpfendes Licht. Weihnachtskonzerte mit dem Tedeum von Charpentier oder dem Gloria von Vivaldi, Weihnachtskantaten oder Händels »Messias« gespielt auf der historischen Kirchenorgel von Saint-Roch klingen in meinen Ohren in diesem Licht noch intensiver, als würde die Verbindung von Licht und Klang den Sinneseindruck verstärken.

Licht spielt in der christlichen Religion als Symbol der Gottesmanifestation eine große Rolle. Nicht nur an Weihnachten, auch an Ostern, bei Taufen, Hochzeiten oder bei Begräbnisgottesdiensten sehe ich die Gläubigen das Licht Gottes durch das Anzünden von Kerzen näher zu sich holen. Der Akt des Anzündens an sich hat etwas Intimes. So geht es mir zumindest, auch wenn ich durch das Anzünden einer Kerze in einer Kirche nicht meine Beziehung zu Gott intensivieren, gar ausdrücken möchte, sondern meist nur eines mir lieben, verstorbenen oder in Not stehenden Menschen gedenken möchte. Alles und jeder Grund ist erlaubt, wenn es ans Anzünden einer Kerze in einer Kirche geht! In Frankreich und der christlichen Religion wird 40 Tage nach Weihnachten, am 2. Februar, La Fête des Chandelles gefeiert – das Fest der Kerzen. Es beendet den cycle de la naivité – erst dann wird die Krippe in den Kirchen wieder weggeräumt.
In Frankreichs Kirchen werden Besucher zum Kauf von Kirchenkerzen animiert, die in Kartons bereitstehen, übers Einwerfen von Münzen in Eisengeldbüchsen bezahlt werden und später angezündet in Reih und Glied um den besten oder exponiertesten Kerzenpodest-Platz buhlen. Im Durchschnitt machen sie ein Drittel der Einnahmen der Kirchen im von Kirchensteuer befreiten Frankreich aus.

TROISIÈME BOUGIE BEIM KERZENKONZERT IN DER SAINTE-CHAPELLE

Mein Kerzenspaziergang führt mich weiter in die Sainte-Chapelle auf einer der Pariser Inseln, der Île de la Cité, zu einem Konzert bei Kerzenschein. In der Sainte-Chapelle, die von König Ludwig IX. im 13. Jahrhundert gebaut wurde, um die wichtigsten

Reliquien der Christenheit aufzubewahren (die allerdings in der Französischen Revolution von dort wieder entfernt wurden), finden rund um Weihnachten, wie auch in manch anderen Orten in Paris, concerts aux chandelles statt. Die Sainte-Chapelle ist seit der Revolution kein offizieller kirchlicher Ort mehr – abends ertönt das ganze Jahr über Musik und an Weihnachten beliebte chants de Noëls populaires, Chorgesänge aus aller Welt, das Ave-Maria, aber auch Chopin, Vivaldi oder Debussy. Diese Musik zusammen mit dem Licht von unendlich vielen Kerzen verleiht dem historischen Ort eine magische weihnachtliche Atmosphäre. Das Kerzenlicht spiegelt sich in den 15 riesigen Glasfenstern, die über 600 Quadratmeter ausmachen. Darin sind 1113 Szenen des Alten und Neuen Testaments dargestellt, die die Geschichte der Welt bis zur Ankunft der Reliquien in Paris erzählt. Die Farben, die im Kerzenlicht leuchten, vor allem das Blau der Chapelle Haute, die mit unendlich vielen goldenen, kleinen Sternen und im unteren Bereich mit goldenen fleurs de Lys bemalt ist, sind atemberaubend.

Ich sitze in Mantel und Mütze in einer der mittleren Reihen der kalten Sainte-Chapelle im 4. Arrondissement und bin voller Vorfreude auf das vorweihnachtliche Klavierkonzert, das mich erwartet. Anlässlich Vivaldis »Winter« aus den »Vier Jahreszeiten« wurde die Kirche in eine Kerzenlandschaft verwandelt und in Vivaldis Musik erkenne ich alles, was das winterliche Paris ausmacht: im Allegro non molto die Kälte, manchmal Schnee und Eis, eisiger Wind. Im Largo drückt sich auch die Wärme eines Kaminfeuers oder einer Kerze aus. Auch höre ich in der jahrhundertealten Musik Regentropfen. Im anschließenden Allegro dann hört es sich an wie vorsichtiges Eisschlittern, dann klirrendes Eisbrechen und die Musik endet in einem Sturm, der alles mit sich reißt.

Erfüllt von der Musik verlasse ich die Sainte-Chapelle und werde überrascht von Wind und Regen. Ich flüchte in die gegenüberliegende Brasserie des Deux Palais, 3 boulevard du Palais, um mich mit einer Zwiebelsuppe und einem Glas Côtes-du-Rhône aufzuwärmen.

QUATRIÈME BOUGIE BEI TRUDON RIVE GAUCHE UND DIPTYQUE

Mein Kerzenspaziergang darf nicht enden, ohne dass ich auch ein paar Kerzen für zu Hause aussuche. Nach der Sainte-Chapelle erreiche ich eines der beiden Trudon-Kerzengeschäfte. Im Stadtteil Saint-Germain-des-Prés, der nach seiner Kirche aus dem 6. Jahrhundert benannt wurde, liegt das Trudon rive gauche, 78 rue de Seine im 6. Arrondissement. Das Trudon rive droite liegt im 4. Arrondissement, 11 rue Sainte-Croix de la Bretonnerie. Wenn ich in der Weihnachtszeit die Eingangstür von Trudon aufdrücke, dann strömt mir ein warmer, sanft-würziger Honigduft entgegen.

Sofort erinnere ich mich an die gemütliche Zuhause-Atmosphäre meiner Kindheit und den Moment, wenn meine Eltern die Bienenwachs-Weihnachtskerzen auf dem schön gedeckten Tisch anzündeten. Die einzelnen Duftkerzen stehen in Glasglocken auf edlen présentoirs aufgereiht, jede mit einer der begehrten goldenen Kameen verziert, bereit, eingeatmet, begutachtet und vielleicht auch gekauft zu werden (wenn man sich zwischen den Duftnoten cannelle, biscuit, ambre, orange, forêt, sapin, baies, marron oder clémentine überhaupt entscheiden kann). Die zwei erfahrenen Verkäufer verpacken mit geübten Handgriffen die schönen Kerzenpräsente. An der Seite der Theke, in Reih und Glied aufgestellt, stehen die zahlreichen Bestellungen,umhüllt von edlen Papieren und Satinbändern, in kartonierten Tüten und warten auf den Fahrradkurier.

Wunderschönste Kerzen finde ich auch bei Parfumeuren oder Modehäusern wie Chanel, Dior oder Fragonard. Letzteres ist eine der ältesten Parfümerien aus dem südfranzösischen Grasse. Alle haben »ihre« Düfte in Kerzen verewigt. Wie herrlich! Eine ganz spezielle Duftkerze wurde sogar vom legendären Ritz Paris Le Comptoir und François Perret, dem »Meilleur Chef Pâtissier de Restaurant du Monde 2019«, entworfen und dürfte vor allem Liebhaber französischer Backwaren erfreuen. Die bougie parfumée Madeleine entfaltet in 290 Gramm den Duft frisch aus dem Ofen kommender Honig-Madeleines! Die zart vanillefarbenen Kerzen werden mit Deckel verkauft.

Die Kerzen von Diptyque sind mit die »pariserischsten«. An einem Eck des Boulevard Saint-Germain, im Haus 34, erfreuen sich die Kunden an Duftkerzen wie auch an Parfum, Körperpflegeprodukten oder auch hochwertigen Haushaltswaren und Accessoires. Mein ganz persönlicher Tipp, zu finden in einem weiteren Diptyque-Geschäft in der 330-332 rue Saint-Honoré, ist die 190 Gramm schwere Kerze »Paris« mit dem speziellen Boheme-Duft der Stadt. Die Kerzenkollektionen von Diptyque sind sehr umfangreich – für Weihnachten eignen sich ganz besonders ambre, feu de bois oder cannelle.

diptyque
34 boulevard saint germain
BAIES
34 boulevard saint germain
paris 5e

In den Kirchen von Paris

EINE STADT VOLLER WEIHNACHTSMUSIK

In der Sainte-Chapelle kann den ganzen Dezember über Vivaldi, Bach, Händel oder Mozart gelauscht werden. Vivaldis »Vier Jahreszeiten«, das Ave-Maria sowie Weihnachtslieder werden in der Vorweihnachtszeit auch in der Église Saint-Paul auf der Île Saint-Louis gespielt. Auch Friedenskonzerte mit ukrainischen Weihnachtsliedern finden dort statt. Karten sind jeweils am Vortag und am Tag des Konzerts direkt in der Kirche sowie an der Abendkasse oder bei *www-fnac.com* zu erwerben.

In der Église Saint-Ephrem im 5. Arrondissement schreiten wir in kleinen Gruppen zu dem um Weihnachten stattfindenden Récital de Chopin. Der Chorraum der kleinen Kirche, deren Fundamente auf das Jahr 1334 geschätzt werden, ist für den Anlass von Kerzen übersät, die nach und nach von einem Konzertdiener angezündet werden. Das Licht verleiht dem Raum eine warme, gemütliche Atmosphäre und wir werden von den Geräuschen des lebendigen Stadtviertels abgeschirmt, sodass Chopin mit all seiner Melancholie den Raum erfüllen kann.

Vor dem verheerenden Brand in Notre-Dame de Paris am 15. April 2019 gab die wichtigste Kathedrale Frankreichs im historischen Herzen von Paris jedes Jahr ein großes, traditionelles Weihnachtskonzert. Meist wurden Werke aus verschiedenen Jahrhunderten vorgetragen, die von einer Mischung aus art sacré und populärer Musik bis hin zu gregorianischen und mittelalterlichen Gesängen alle einen Teil der Weihnachtsgeschichte erzählten. Wann die Kathedrale wieder öffnet, findet man unter *www.notredamedeparis.fr.*

Wer die Renovierungsmaßnahmen finanziell unterstützen möchte, kann eine Kerze für Notre-Dame de Paris kaufen und anzünden. Aufgestellt werden diese am Fuß der Statue de la Vierge in der Église Saint-Germain-l'Auxerrois im 1. Arrondissement.

Bei den Dimanches Musicaux de la Madeleine im 8. Arrondissement hören die Besucher Schuberts Ave-Maria, Bach oder Saint-Saëns und den ganzen Dezember über Weihnachtskonzerte mit traditionellen Chören und Orgelmusik. Meine Großmutter liebte die große, imposante Pfarrkirche La Madeleine wegen ihrer unglaublich klangvollen Hauptorgel von Cavaillé-Coll, einem der bedeutendsten Orgelbauer aller Zeiten, der auch die Orgel der Kathedrale von Notre-Dame umbaute.
www.concerts-lamadeleine.com

Ein weiteres großes Weihnachtskonzert mit einem großartigen Chor findet traditionell in der ehemaligen königlichen Kapelle des Louvre, Oratoire du Louvre, 145 rue Saint-Honoré im 1. Arrondissement, statt. *www.oratoiredulouvre.fr*

Meist wird gegen Mitte Dezember in der Maison de la Radio et de la Musique, am rechten Seine-Ufer im 16. Arrondissement, das Weihnachtsoratorium von Bach oder auch Werke von Strauss aufgeführt.
www.maisondelaradioetdelamusique.fr

L'Église Saint-Germain-des-Prés bietet ebenfalls Weihnachts- und Neujahrskonzerte von großen Komponisten wie Vivaldi, Bach oder Schubert an.
www.eglise-saintgermaindespres.fr

Auch im Théâtre des Champs-Élysées, 15 avenue Montaigne, werden große Werke der klassischen Musik gespielt und Weihnachtslieder gesungen. Karten und Programm unter: *www.theatrechampselysees.fr*

ENGELSCHÖREN GLEICH …

Katholische Chöre, Engelschören gleich und seit dem Mittelalter bekannt, sind in Frankreich äußerst beliebt. Und auch Choräle, cantiques genannt und etwas unabhängiger von religiösem Hintergrund, sind beliebt. Einer davon, »Entre le Bœuf et l'Âne Gris«, von François-Auguste Gevaert im 19. Jahrhundert neu komponiert, ist zu einem der bekanntesten französischen Weihnachtslieder geworden und wird in vielen Weihnachtskonzerten neben anderen, etwa »Il est Né le Divin Enfants« oder »Douce Nuit, Sainte Nuit«, gesungen.

REGINA SINE LABE CONCEPT

Die Lieblingsweihnachtslieder von Kindern sind eher »Bonhomme d'Hiver«, »Rudolf, le Petit Renne au Nez Rouge«, »Noël Blanc« oder auch »Vive le Vent«. Am bekanntesten ist sicher »Petit Papa Noël«, das von Raymond Vincy geschrieben und von Henri Martinet komponiert wurde. Die Interpretation des Schauspielers Tino Rossi ist legendär.
Ganz ohne Eintrittskarten oder Reservierungen sind alle Kirchen, ob Basilika des Sacré-Cœur de Montmartre, l'Église Saint-Eustache de Saint-Germain-des-Prés, Temple des Batignolles, Temple du Marais oder l'Église de la Madeleine, frei zugänglich. Sie ermöglichen uns die Rückbesinnung auf den Ursprung des christlichen Festes – besinnliche Weihnachtsmusik inklusive.

CHRISTLICHE MESSEN

Am 24. Dezember gegen 19 Uhr (messe des familles) und später gegen 23 Uhr (messe de minuit) finden meist die katholischen Messen statt. Am 25. Dezember bieten die katholischen Kirchen normalerweise um 7.30 Uhr eine messe de l'aurore an, eine Morgenröte-Messe, um zuletzt um 10.30 Uhr mit einer messe du jour, einer Tagesmesse, die Weihnachtsgottesdienste der zwei wichtigsten christlichen Weihnachtstage zu beenden. Bei den evangelischen Kirchen sind die Uhrzeiten ähnlich (*www.epudf.org*). Unter *www.paris.fr/lieux/lieux-de-culte-remarquables/tous-les-horaires* findet man die Uhrzeiten nahezu aller Messen in den meisten Kirchen der Stadt.

ICH STEH AN DEINER KRIPPE HIER ...

Viele Kapellen und über 100 christliche Pariser Kirchen stellen zu Weihnachten für Gläubige und Nichtgläubige Krippen auf. Die katholischen Kirchen in Frankreich präsentieren traditionell bis zum 2. Februar eine Vielfalt kunstvoller Krippen in Skulpturenform in oder vor ihren Gebäuden: Es gibt viele sehenswerte Krippen mit der szenischen Darstellung der Geburt Jesu, der Heiligen Familie, Hirten, Engeln, Heiligen und Tieren. Auch findet man lebensgroße wie auch ganz kleine, animierte, moderne, barocke und sogar – inmitten der Hauptstadt – »lebendige« Krippen mit 50 Darstellern, Schafen und Kamelen – etwa vor der Wallfahrtskirche Basilique du Sacré-Cœur de Montmartre oder in manchen Jahren auch auf der Île de la Cité, place Dauphine. Lebendige Krippen existieren europaweit seit dem 13. Jahrhundert. Inmitten einer Großstadt wie Paris sind sie allerdings selten. Alle 106 katholischen Kirchen von Paris samt ihres Krippenangebots findet man unter *www.dioceseparis.fr.*

Evangelische und auch orthodoxe Kirchen verzichten üblicherweise auf die aufwendige Krippendarstellung und zeigen ein eher schlichteres Weihnachten in ihren Räumen, zum Beispiel im neugotischen anglikanischen Temple de l'Étoile, 54 avenue de la Grande Armée im 17. Arrondissement, im Kloster Port Royal, 18 boulevard Arago im 13. Arrondissement, oder in der orthodoxen Cathédrale de la Sainte-Trinité, 1 quai Jacques Chirac im 7. Arrondissement. Der evangelische Teil meiner Familie geht in der Nähe des Jardin du Luxembourg, 58 rue Madame, zur Église Protestante Unie de Pentemont-Luxembourg, wo – wesentlich schlichter – einzig ein klassischer Weihnachtsbaum den kleinen Altarraum für das Fest der Liebe schmückt.
Krippen zu Hause aufzustellen, ist mittlerweile bei vielen Familien in Frankreich, egal ob katholisch oder evangelisch, üblich. Heftig diskutiert wird allerdings seit Jahren in Frankreich die Frage, ob Rathäuser, Schulen oder andere öffentliche Gebäude Krippen aufstellen dürfen. Die Trennung von Staat und Kirche, die durch das Gesetz des Laizismus 1905 zementiert wurde, würde dadurch verletzt, so die Gegner. Findige Bürgermeister und französische Krippen-Fans versuchen, das Gesetz zu umgehen, und deklarieren ihre Krippe als Kulturgut, sodass sie sich dennoch manchmal zwischen der französischen Trikolore und der Büste von Marianne in der Eingangshalle der Rathäuser wiederfinden, nur ohne religiösen Kontext. Diese Debatte wird immer noch öffentlich und auch in Gerichtssälen ausgetragen und verdeutlicht den Wert der Krippe für viele Franzosen.

Oh, les lumières

Unterwegs im erleuchteten Paris

Offizieller, staatlicher, ehrenvoller und ernster kann die Mission nicht sein: Um den 18. November herum starten die Illuminationen zusammen mit marschierenden Fanfaren des Orchesters des Polizeiverbandes Garde Républicaine, das dem Verteidigungsministerium Frankreichs unterstellt ist. Dieses Orchester gibt auch das große Weihnachtskonzert im Théâtre des Champs-Élysées.

Nachdem die Fanfaren abgezogen sind, kehrt zuweilen noch keine Ruhe in den Straßen von Paris ein. Im Gegenteil! Das Publikum geht durch das abendliche Paris spazieren und schaut sich die weihnachtlich geschmückten Auslagen der Geschäfte an. Welch beliebte Beschäftigung! Die passende französische Redewendung lautet »lécher les vitrines« – eine sinnlichere Formulierung für das Betrachten der illuminierten devantures des magasins gibt es nicht. Die Spaziergänger schlemmen regelrecht mit den Augen und bekommen einen Vorgeschmack darauf, was im Inneren an herrlichen Waren auf sie wartet. Aber Konsum ist nicht alles, auch nur das Betrachten kann in der Weihnachtszeit glücklich machen.

In Zeiten der Energieknappheit schrumpft diese Zeit des lécher les vitrines allerdings auf eine kleine Zeitspanne nach Schließung der Läden bis zum Ausschalten der Schaufensterbeleuchtung. Egal wohin man schaut, eröffnen sich einem neue Perspektiven auf die Fassaden und Geschäfte. Beleuchtet sehen die Läden anders aus, die präsentierten Waren auch.

Zu den Schaufensterbeleuchtungen gesellen sich auch die Straßenlichter. Pünktlich ab Mitte November sollen sie leuchten. Entsprechend hängen Stadtmitarbeiter mit ihren den Straßenverkehr störenden Aufzugs-Lkws die bunten Lichter schon einige Wochen vorher auf.

BHV/MARAIS
DE L'HOTEL DE
NOËL EN PROVENCE
LE BHV/MARAIS

Mit dem Fahrrad durch die Stadt

Die Illuminationen in Paris können natürlich auch mit dem Rad abgefahren werden! Es gibt viele Fahrradverleihfirmen, auch kleine, unabhängige Läden, nicht nur Vélib' Métropole, das französische Fahrradverleihsystem, das von der Stadt zur Verfügung gestellt wurde und mittlerweile manchen Pariser mit seiner Unzuverlässigkeit nervt.

Es gibt die grünen, blauen, orangen, schwarzen und die elektrischen Räder, auch Tandems, Mountainbikes und Cargoräder. Egal welcher Fahrradverleiher es am Ende wird: Handschuhe und eigenen Helm mitnehmen! Aktuell lassen sich etwa 1000 Kilometer innerhalb der Stadt per Rad erkunden – und es werden immer noch mehr Radwege. Wem es nicht zu kalt ist, der kann mit dem Rad alle Arrondissements bei Anbruch der Dunkelheit abfahren, um keine Straßenzüge zu verpassen.

www.parisavelo.fr
www.weelo.fr
www.veligo-location.fr
www.velib-metropole.fr
www.velo-handicap.com

Richtig sympathisch wird es in den cafés vélos. Hier wird Beratung, aber auch Zusammensein großgeschrieben. In Le Marais ist Le Peloton empfehlenswert, das Christian und Paul mit gutem Kaffee von Pariser Röstereien führen. Sie verleihen nicht nur Räder, sondern organisieren auch Konzerte und Touren. *www.lepelotoncafe.cc/fr/location*

Im 12. und 8. Arrondissement gibt es einen hippen Fahrradladen mit Atelier und Café in einer begrünten Strasse. Wer sein eigenes Fahrrad mit nach Paris bringt, kann es dort reparieren lassen oder Accessoires erwerben, bei den angebotenen Touren mitradeln und auch einen leckeren café au lait genießen: *www.jourdevelo.fr*

Lichterglanz überall

Das 8. Arrondissement besticht durch die Prachtstraße Champs-Élysées und die avenue Montaigne. Hier gibt es viele hôtels particuliers, herrschaftliche Stadthäuser exklusiver Hotelmarken, die ihre gesamten Gebäude illuminieren.

Im 1. Arrondissement erstrahlen die rue du Faubourg Saint-Honoré und die Geschäfte der Luxusmarken, die jedes Jahr eine neue, spektakuläre Weihnachtsdekorierung kreieren, wie etwa Dior im Jahr 2020 mit einer übergroßen beleuchteten Montgolfiere. Ein eigens dafür gegründetes Comité du Faubourg Saint-Honoré ist für die glanzvolle Präsentation des Pariser Chic – Symbol des Luxus und der Eleganz – von 120 Luxusmarken der rue du Faubourg Saint-Honoré, rue Boissy d'Anglas, rue Royale und rue Saint-Honoré zuständig. Unweit davon erblickt man die Umrisse eines Riesenrades, das anlässlich eines Weihnachtsmarktes im Jardin des Tuileries aufgebaut wurde. Auf der place Vendôme glänzen die Luxusgeschäfte mit ihren weihnachtlich illuminierten Fassaden um die Wette und große Weihnachtsbäume bevölkern den historischen Platz.

Im 4. Arrondissement kann man das Viertel Le Marais entdecken – die verwinkelten Gassen, das an Weihnachten prunkvoll dekorierte grand magasin BHV Marais aus dem 19. Jahrhundert und dessen Rooftop-Restaurant mit wundervollem Blick auf die Stadt und den zentralen Rathausplatz, die place de l'Hôtel de Ville. Auf der place de la Bastille gibt es gegenüber dem Opéra Bastille eine blaue Illumination der Colonne de Juillet, die von einem Tannenbaum-Wald, Karussellen und Weihnachts-Chalets umringt wird, die der Père Noël an bestimmten Zeiten des Tages besucht.

Das 8. Arrondissement besticht durch die Prachtstraße Champs-Élysées und die avenue Montaigne. Hier gibt es viele hôtels particuliers, herrschaftliche Stadthäuser exklusiver Hotelmarken, die ihre gesamten Gebäude illuminieren.

Das 9. Arrondissement ist zwar eines der kleinsten Arrondissements von Paris, bietet aber mit dem Palais Garnier, den erleuchteten Straßen und Schaufenstern der grands magasins Galeries Lafayette oder Printemps Haussmann allen, die Mode, Luxus und Schönheit lieben, etwas fürs Auge und Herz.

Im 18. Arrondissement ist das Quartier Montmartre zu Weihnachten ganz besonders üppig mit Lichterketten und anderen illuminierten Dekorationen geschmückt und einen Weihnachtsmarkt findet man dort auch.

GRANDS HÔTELS

Wer an den grands hôtels vorbeiläuft, etwa am Peninsula Paris oder dem Fouquet's Paris, kann einen Blick auf riesige Tannenbäume in den Foyers oder vor den Eingängen werfen.

Die Schaufenster der grands magasins

Jedes Jahr entstehen traditionell in den grands magasins Weihnachtslandschaften, animierte, feenhafte Dekororationen und überraschende Kunstwerke. Das einladende, imaginäre Universum wird seit Jahren mit überbordendem Budget ausgestattet und professionell mithilfe von Künstlern, Illustratoren, Musikern und Handwerkern erschaffen.

FANTASTISCHE WELTEN

Im Printemps Haussmann wurden einmal Abenteuer der lutins, kleiner, dem Père Noël helfenden Fabelwesen, von der Illustratorin Aurélia Fronty in sechs Schaufensterbildern gestaltet. In einem anderen Jahr dagegen wurden die Schaufenster von Plüschtieren bevölkert. In den Schaufenstern der grands magasins werden gerne Märchen nacherzählt oder Szenen aus Filmen nachgestellt. Meist schickt die Fantasie der Erfinder die Zuschauer in fantastische Welten, etwa in die von Mary Poppins im BHV oder von French Cancan im Bon Marché, wo dunkelgrüne Tannenbäume Ballett tanzten. Für die Schaufenster wird manchmal sogar extra eine passende Musik komponiert, die durch Lautsprecher nach außen dringt.

Im Bon Marché rive gauche war einmal der Honigkuchenmann Aristide, benannt nach dem Gründer des Kaufhauses, die zentrale Figur. Die animierten Schaufenster waren wie immer aufwendig bunt beleuchtet und wurden musikalisch untermalt. In jedem fanden sich etliche Honigkuchenmänner wieder. Im Inneren des Kaufhauses wurden außerdem sucres d'orge, Zuckerstangen, verteilt.

In den Galeries Lafayette liebt man Gigantisches, wurde doch beispielsweise in einem Jahr das Innere eines fleißigen Bienenstockes in Form einer gigantischen Bienentorte nachgebildet. Ein andermal stattete das Atelier Bournillat, eine kreative Dekorwerkstatt, die Weihnachtsschaufenster aus und band Weihnachtsspielsachen in ihre zauberhafte Dekoration mit ein. Der überdimensionierte, hängende Weihnachtsbaum in der Mitte der Coupole ist dagegen jedes Jahr eine Attraktion.

Im Samaritaine, Rue de Rivoli, das 2021 wiedereröffnet wurde, wurde ein überdimensionierter Adventskalender gestaltet.

UNTER SCHNEEMÄNNERN

Im BHV Marais wurde einmal der Straßburger Weihnachtsmarkt, eine für das elsässische Weihnachten wichtige Institution, nachgebildet. Dort liebt man die winterlichen Elemente: Mal fegten riesige Rentiere über eine Schneelandschaft, mal wurde das BHV mit einem überdimensionierten Chalet inklusive Kamin versehen, über das eine Eule wachte und wo sogar das Kaminholz nicht fehlen durfte. Den kreativen Schaufenstergestaltern werden manchmal Themen vorgegeben, meist wird ihnen aber freie Hand gelassen, sodass es immer wieder Überraschungen gibt: Mal steht in einem Schaufenster eine übergroße Badewanne voller Spielsachen und animierter Figuren, mal findet man sich unter Wasser wieder und schaut blauen Schildkröten zu, die Geschenke auf den Rücken geschnallt haben. Mal gibt es liebevoll animierte Szenen, die einen Wald voller Pilze mit wippenden Hüten zeigen, ein anderes Mal betrachtet eine ganze Schar entzückter kleiner Mädchen eine Schmetterlingslandschaft in rosaroten Tönen. Jahrmarktatmosphäre, Retrostyle, Zirkuswelt, Mondfahrt, Heißluftballons, Eislaufbahn, Eisenbahn, Märchen aus Tausendundeiner Nacht, Zinnsoldaten, Musiktruhen, bal des étoiles, Marionetten, Schneemänner und Eisbären oder Papierkunst – die grands magasins greifen jedes Jahr wieder ein bestimmtes Motto aus ihrer Weihnachts-Schatztruhe auf, wetteifern mit ihren Konkurrenten um die Gunst der Kunden und verwandeln meist schon gegen Mitte November ihre Häuser in ein Weihnachtswunderland. Wer kann sich dem schon entziehen!

CHRISTIAN DIOR

Unter den Dächern der Stadt

Paris im Regen, Niesel oder Schnee – Wir spazieren in den überdachten Passagen!

Zum Glück gibt es die überdachten Pariser Passagen voller kleiner individueller Boutiquen bei schlechtem Wetter in der Weihnachtszeit! Zu Haussmanns Zeiten im 19. Jahrhundert, als Paris stark umgestaltet wurde, gab es etwa 70 solcher Passagen. Heute bleiben der Hauptstadt nur noch 21, die im Stadtkern, vom 1. bis 9. Arrondissement, verteilt sind. Wie Perlen an einer Perlenkette aneinandergereiht kann man sie eine nach der anderen durchlaufen.

Fangen wir mit der Passage Verdeau, 31 rue du Faubourg-Montmartre im 9. Arrondissement, an. Hier schützt uns eine Eisenkonstruktion, die die Passage komplett abdeckt.

Im selben Arrondissement befindet sich die Passage Jouffroy, 10-12 boulevard Montmartre/9 rue de la Grange-Batelière, mit vielen Buchhandlungen und einem eleganten schwarz-weißen Schachbrett-Fliesenmuster.

In der Galerie de la Madeleine, 9 place de la Madeleine/30 rue Boissy-d'Anglas im 8. Arrondissement, sind die Pariser Eleganz und der Luxus eingezogen, die sich mit passendem Portemonnaie genießen lassen.

In der ältesten überdachten Passage, der Passage des Panoramas aus dem Jahr 1799, schnuppern wir im Hinterhof des berühmten Auktionshauses Drouot ein bisschen Kunsthandelsluft.

In meiner Lieblingsgalerie, der Galerie Vivienne, rue des Petits-Champs/6 rue Vivienne/5 rue de la Banque im 2. Arrondissement, wechseln sich Mode, Design, Spielwaren und Bücherantiquariat mit Brasserien ab, in denen ich gern nach dem Schaufensterbummel verweile.

Die benachbarte Galerie Colbert, 6 rue des Petits-Champs, besticht mit ihrer Glaskuppel durch ihre Eleganz. Sie strahlt förmlich nach einer umfangreichen Renovierung und kommt ohne Geschäfte aus. Ein Muss!

Die Passage Choiseul, 40 rue des Petits-Champs/23 rue Saint-Augustin/40 rue Dalayrac Passage Sainte-Anne, ebenfalls im 2. Arrondissement, stellt mit ihren vielen Ein- und Ausgängen eine der längsten der Pariser Passagen und für viele Pariser eine Abkürzung dar, wird aber auch gerne als Aufenthaltsraum für Mittagspausen genutzt.

In der Passage du Grand-Cerf, 145 rue Saint-Denis/10 rue Dussoubs im selben Arrondissement, warten eine Fülle an Dekorations-, Mode-, Designer- und Künstlerläden auf die weihnachtlich gestimmte Kundschaft.

Im 1. Arrondissement angekommen, verweilen wir noch in der Galerie Véro-Dodat, 19 rue Jean-Jacques-Rousseau/2 rue du Bouloi, und können in die reich geschmückten Schaufenster von Dekorations- und Modegeschäften sowie der bekannten Schuhmarke Louboutin schauen, bis der Regen ein Ende hat und wir uns wieder auf die Straße trauen. Oder sollen wir noch schnell einen hausgemachten vin chaud, das französische Pendant zum Glühwein, im Café de l'Époque zu uns nehmen? Café de l'Époque, 2 rue du Bouloi, 75001 Paris. *www.cafedelepoque.fr*

Plaisirs d'hiver à la parisienne –

Pariser Wintervergnügen

Die Stadt Paris veranstaltet regelmäßig das Lichterfest Paris Scintillé auf der place de l'Hôtel de Ville und der place de la Bastille. Für den klassischen Weihnachtsmarkt rund um den zentralen Rathausplatz und die Paris-Scintillé-Veranstaltung entstehen Wälder aus künstlich verschneiten hohen Tannenbäumen, durch die ich, vor allem abends nach Ladenschluss, wenn nicht zu viel los ist, gerne spaziere. Die Fassade des Hôtel de Ville leuchtet geheimnisvoll blau und LED-Lichtmaschinen stellen Schneefall dar – die Stimmung könnte – für urbanen Raum, Pariser Verhältnisse und trotz fehlender Natur – nicht weihnachtlicher sein. Die bûcherons de Paris, wie die städtischen Waldarbeiter von Paris im Volksmund heißen,* und die sie beschäftigende Stadtverwaltung sind äußert bemüht,, schönstes Weihnachtsflair zu zaubern. Weihnachts-Chalets sind auf dem Platz errichtet, aus denen nun vin chaud und Crêpes dampfen. Das sich drehende historische Holzpferd-Karussell mit seinen bunten Lichtern gibt den musikalischen Ton an – es trällert in Dauerschleife X-Mas-Evergreens in englischer Sprache, was französische Sprachpuristen unlängst auf die Barrikaden gehen ließ, jedoch erfolglos. Die Kinder quietschen vor Vergnügen auf der aufgebauten Schlittschuhbahn, bis sie von ihren Eltern von der Eisschicht gezerrt werden, mit dem Blick auf die Uhr und einer Ermahnung, ja nicht den Père Noël zu verärgern.

* In der Direction des Espaces Verts et de l'Environnement (DEVE) kümmern sich die Waldarbeiter, Gärtner und Landschaftsbauer der Stadt Paris nicht nur um die über 500 000 städtischen Bäume in Parks und Alleen, sondern auch um die Aufstellung der Pariser Weihnachtsbäume, samt ihrer Dekorationen.

Pour petits et grands

Weihnachtsvergnügen für Groß und Klein

Der Weihnachtszirkus und der cirque d'hiver

Für Pariser Familien ist an Weihnachten mindestens ein Besuch eines Konzerts, Theaters, Balletts, Kinos, Zirkus, einer Show oder eines anderen spectacle üblich. Ein Familienmitglied kümmert sich um den Kauf der Karten für alle Familienmitglieder und schon ist der Weihnachtsausflug vorbereitet und das kleine weihnachtliche Ritual perfekt! Statistisch gesehen ist in Frankreich der Besuch des Zirkus die zweite Lieblingsbeschäftigung nach dem Kinobesuch – an Weihnachten strömen entsprechend viele Menschen in die festlich dekorierten Zelte aus Stoff. Traditionell stellen Zirkusse im Winter vor Weihnachten ihre Zelte vor der Stadt auf. Seit 1852 gibt es in Paris allerdings ein stationäres Zirkusgebäude, den Cirque d'Hiver. Der Ovalbau mit seiner 27,5 Meter hohen Kuppel ist beeindruckend. Kein Wunder, dass ein paar Jahre später dort das fliegende Trapez, trapèze volant, erfunden wurde, seitdem Standard in fast jedem klassischen Zirkus der Welt! Dass er einst Cirque de Napoléon, dann Cirque National genannt wurde, zeigt seine außerordentliche Bedeutung für Frankreich und für Paris. Früher gab es an die 20 fest stehende Zirkusbauten in Paris, heute gibt es nur noch diesen einen wunderbaren Ort.

Der deutsche Architekt Ignace Hittorf, der den Bau des Cirque d'Hiver verantwortete, baute auch einst den Bahnhof Gare du Nord und arbeitete mit den besten Stuckateuren und Malern seiner Zeit. Seither treten berühmte Zirkuskünstler, Clowns und Akrobaten, wie Fratellini oder Zavatta, dort auf. 1934 kaufte die Familie Bouglione das Gebäude und seitdem finden jedes Jahr neue Vorführungen mit neuen Künstlern statt. Ein Zirkusmuseum mit vielen Kostümen ergänzt den an Zirkusatmosphäre und Künstlergeschichte kaum zu überbietenden Ort.

Weihnachten im Grünen

Abseits der viel frequentierten Pariser Straßen, in denen sich Fußgänger den wenigen Platz mit Autos, Motorrädern oder Busverkehr teilen müssen, gibt es viele Orte in und um Paris, wo man mehr Platz hat, umgeben von Natur ist und mit Kindern Noël-Illuminationen genießen kann. Beim Bois de Boulogne, Domaine de Saint-Cloud, Jardin des Plantes, beim Safari-Zoo von Thoiry oder Bois de Vincennes sind zwar auch Schlangen vor den Eintrittstoren zu erwarten, aber zumindest bewegt man sich ein wenig abseits des lärmenden Stadtverkehrs.

Traditionell geht es im Freizeitpark Jardin d'Acclimatation im Bois de Boulogne im 16. Arrondissement zu. Der napoleonische Park mit historischen Grundrissen und viel neu gestalteter Landschaft war einer meiner Kindheits-Lieblingsorte, auch und besonders an Weihnachten. Dann ist der erste Freizeitpark Frankreichs weihnachtlich geschmückt und illuminiert und mit Kunstschnee überzogen. Weihnachtsfiguren stapfen durch die Alleen und für Kinder ist allerhand an Attraktionen und Amüsement geboten. Die Kinder lieben es! Die Zeit ist in dieser Pariser Institution nicht stehen geblieben, dennoch finden dort bis heute Guignol-Aufführungen statt, die traditionellen Puppenfiguren-Theater, in denen Guignol et Gnafron den Père Noël treffen, aber von Fripouillard, dem Dieb aller Weihnachtsgeschenke, aufgehalten werden.

Etwas näher am Zentrum von Paris und somit von vielen Arrondissements der Stadt aus gut mit öffentlichen Verkehrsmitteln zu erreichen, ist der Botanische Garten, der Jardin des Plantes, am südlichen Ufer der Seine im 5. Arrondissement. Auf über 23 Hektar wird der Garten aus dem 17. Jahrhundert für Noël mit Mustern und Tierformen illuminiert. Im Jardin befindet sich auch eine Ménagerie, der Zoo des Botanischen Gartens mit rund 500 Tieren in Art-déco-Gebäuden und historischen Volieren, die vom Ende des 19. Jahrhunderts stammen. Dazwischen finden sich die aufwendigen Leuchtinstallationen und

Kinder können staunend erraten, um welche Tierart es sich jeweils handelt – um einen Dinosaurier, einen Elefanten? Jedes Jahr muss man Schlange stehen, um Eintrittskarten zu bekommen. Doch der Spaziergang im Garten in der Dunkelheit ist spannend und unterhaltsam zugleich. Ich interessiere mich eher für die Dezember-Rosen, vor allem die Hellébore noire (Helleborus niger), die aus dem Alpengebiet stammt, und die Hellébore d'Orient (Helleborus orientalis) aus dem Kaukasus. Beide Arten befinden sich im 4 000 Quadratmeter großen Jardin Alpin, einem der 11 Gärten des Jardin des Plantes.

Nach Lichter-Spaziergang (siehe Seite 58) und Rosensuche wärmen wir unsere Finger an einer heißen Schokolade oder am vin chaud von einem der drei typischen grünen Garten-Kioske des Jardin – Otaries, Ménagerie und Valhubert. Uns ist es dennoch draußen zu kalt. Die Kinder nehmen an einem der nächtlichen Parcours durch das Museum d'Histoire Naturelle teil, zu dem der Jardin des Plantes gehört, und währenddessen betrachten wir Erwachsenen die Gravur einer rose de Noël, der Hellébore noire, des Malers Jacques Fabien Gautier d'Agoty (1716–1785), die neben denen der viel bekannteren Botaniker Joseph Pitton de Tournefort und Carl von Linné hängt. Bis die Kinder mit ihrem Parcours fertig sind, unterhalten wir uns noch über die anderen im Dezember blühenden Pflanzen im Jardin des Plantes, die wir zu Gesicht bekommen – Jasmin d'hiver (Jasminum nudiflorum), Viorne odorante (Viburnum farreri), Cerisier du Japon ‚Autumnalis' (Prunus subhirtella ‚Autumnalis'), Iris d'Alger (Iris unguicularis), Chrysanthème du Pacifique (Ajania pacifica) –, und staunen über die Fähigkeit der Natur, Formen, Duft und Farben zu entwickeln.
Im Westen von Paris unweit von Saint-Germain-en-Laye, wo ich aufgewachsen bin, liegt die Domaine National de Saint-Cloud. Dort findet jedes Jahr das Lichterfest Lumières en Seine statt. Im von Le Nôtre gestalteten historischen Park entfalten die Organisatoren auf zwei Kilometern Länge ein nächtliches Spektakel. Musik, Lichtilluminationen, Wasserspiele oder magische Labyrinthe verzaubern die Kinder. Die Kombination von Weihnachten und Wasser – und das in Paris – ist ungewöhnlich. Lumière en Seine findet jeden Abend ab Mitte November statt. *www.lumieresenseine.com*

Im Parc Zoologique de Paris in der Nähe des Bois de Vincennes im 12. Arrondissement werden um die 180 Tierarten gehalten. Die etwa 2 000 Tiere im Winter zu füttern, ist jedes Jahr wieder eine logistische Herausforderung. Unmittelbar in der Nähe der Tierfütterungen finden Workshops für Kinder statt, in welchen sie »Weihnachtsgeschenke für die Tiere« gestalten können. An den im Park verteilten weihnachtlich geschmückten Chalets hängen sie diese in die Weihnachtsbäume. Jeden Tag um 17 Uhr werden sie feierlich beleuchtet: Mit den féeries de Noël, wie der Zoo von Paris seine Weihnachtsaktivitäten nennt, wurde für Paris neben dem Jardin des Plantes ein Ort geschaffen, an dem Kinder wie Erwachsene auch zu Weihnachten den Tieren besonders nah sein können. Croisement de l'avenue Daumesnil et de la Route de la Ceinture du Lac, 75012 Paris

Etwas weiter weg vom Stadtkern, mit dem Auto aber immer noch gut erreichbar, liegt Thoiry. Der Safari-Tierpark von Thoiry liegt noch westlicher als Versailles im Département des Yvelines. Hier fuhren meine Eltern mit ihrem Käfer vorsichtig in den Zoo hinein und liebten es, der Tierwelt so näher zu sein. Beim Thoiry Lumières Sauvages, einem weihnachtlichen Lichterspektakel, werden 1 500 Tiere, Personen und Szenen illuminiert. Der Zoo lässt sich mit dem eigenen Wagen oder in einem camion brousse, einem Safari-Lkw, durchfahren. Bei Anbruch der Dunkelheit erschaffen die Lichterskulpturen einen magischen Parcours. *www.thoiry.net*

Das feenhafte Universum des Schlosses Vaux le Vicomte und seines Parks in Maincy bei Melun während der Weihnachtszeit lässt uns in die Tierfabeln von La Fontaine eintauchen. Nur eine Stunde von Paris entfernt gibt es dort fantastische Tiergestalten, Animationen, Spiele, Konzerte und Pferdekutschen in dem Park aus dem 17. Jahrhundert, die von einer Show aus Licht und Ton begleitet werden.

Auch Versailles, Chantilly, Fontainebleau, de Bagatelle, Blandy-les-Tours und andere Schlösser rund um Paris locken die Pariser Peripherie-Reisenden rund um Weihnachten mit Theater, Shows, überdimensionierten und illuminierten Tannenbäumen, Kerzenbeleuchtung, Kaminfeuer, Feuerwerk, Musik, festlich gedeckten Tischen und anderen weihnachtlichen Angeboten.
www.vaux-le-vicomte.com
www.en.chateauversailles.fr
www.chateaudechantilly.fr
www.chateaudefontainebleau.fr
www.paris.fr/lieux/parc-de-bagatelle-1808
www.chateau-blandy.fr

Marchés de Noël

Im bunten Trubel der Weihnachtsmärkte

Manchmal möchte ich viel lieber draußen sein, der auf Dauer etwas nervigen elektronischen Weihnachtsmusik entkommen, die in jedem grand magasin, jeder Boutique oder jedem Supermarkt in Dauerschleife trällert. Mir machen die winterliche Kälte und der leichte Wind dabei nichts aus. Ich ziehe meine Mütze tiefer ins Gesicht, wickle meinen langen Schal noch einmal mehr mit einer theatralischen, ausladenden Bewegung um den Hals und stemme meine Fäustlinge in die Manteltaschen. Auf geht's zu den trubeligen Weihnachtsmärkten!

Auch hier kommt mir Musik entgegen, aber wenigstens von einer Quetschkommode, wie sie Yves Montand in seinem Lied »La Chanson des Rues« besang. Alles etwas wackelig, alles etwas schief, aber sehr authentisch! In allen Quartiers treffe ich auf ein paar von Girlanden überzogene und beleuchtete Holzhütten, die entweder am Straßenrand wie Perlen aneinandergereiht sind oder auf dem besten Platz des Viertels eng zusammenstehen. Aus den Hütten dampft und brutzelt es. Denn auch bei den Weihnachtsmärkten zeigt sich Frankreich und im Speziellen Paris absolut kulinarisch: Flammekueche, tartiflettes, crêpes oder noix caramélisées, rapées de pomme de terre und dazu ein vin chaud oder die Apfelvariante, ein cidre chaud. Man könnte meinen, im Elsass zu sein! Es gibt sie ganz klassisch in den nördlichen Tuileries oder dem Champ de Mars, elsässisch und seit den frühen 80er-Jahren an der Gare de l'Est, alternativ an der Petite Ceinture, kunsthandwerklich im Square Viviani gegenüber von Notre-Dame, groß und umringt von Wolkenkratzern des Business-Viertels von Paris mit 350 chalets im Bankenviertel La Défense, nostalgisch auf der Butte Montmartre und lang gezogen am Boulevard Saint-Germain mit seinen 35 winterlichen chalets, an Kirchen angrenzend, aber auch in den quartiers populaires, den Außenbezirken, der banlieue. Nostalgiker werden einwenden, Pariser Weihnachtsmärkte hätten nicht den Flair der »richtigen« Weihnachtsmärkte aus den weiter östlich liegenden oder skandinavischen Ländern. Liegt es an der fehlenden Kälte, dem mangelnden Schnee? An ihrer Geschichte sicher nicht, denn die gibt es sehr wohl:

KLEINE HISTORIE DER PARISER WEIHNACHTSMÄRKTE

Bereits im 18. Jahrhundert gab es kleine Holzchalets auf den Bürgersteigen von Paris, in denen am Ende des Jahres Geschenke gekauft werden konnten, und nach und nach entwickelten sich auch kleine Märkte, etwa rund um den Pont Neuf. Die Brücke beherbergte seit ihrem Bau 1578 fliegende Händler mit Bauchläden oder Holzständen, Musiker und Kunsthandwerker, Limonadenverkäufer mit ihren Limonadenrucksäcken auf dem Rücken, Glücksspieler oder Hundefell- und andere Friseure. Trotz ständigem Trubel auf der ältesten noch erhaltenen Pariser Brücke mit ihren wunderschönen Rundbögen brach sie nie zusammen. Dies brachte auch das französische Sprichwort »être solide comme le Pont Neuf« hervor. Den marché de Noël beim Pont Neuf erwähnt Eugène Sue in »Les Mystères de Paris«, einem der meistgelesenen Feuilletonromane des 19. Jahrhunderts über die Stadt Paris und ihre Bewohner.

»Richtige« Weihnachtsmärkte, wie wir sie heute kennen, entstanden erst später, als sich die weihnachtlichen Traditionen aus dem protestantischen Deutschland und der Schweiz über das Elsass (der Straßburger Weihnachtsmarkt existiert bereits seit 1570) im Laufe des 19. Jahrhunderts bis nach Paris und in ganz Frankreich verbreiteten. Parallel dazu wuchs die Spielwarenindustrie. Tausende Plakate (Annonces, Affiches et Avis Divers de la Ville de Paris), auf denen die besten Spielwarenhäuser der Hauptstadt angepriesen wurden, zeugen vom wachsenden Interesse der zahlungskräftigen Bourgeoisie an Geschenken. Vor allem für die Kinder! In Frankreich gab es diese Geschenke damals noch nicht an Weihnachten, sondern am Ende des Jahres, und sie hießen étrennes. Schon die Römer überreichten sich solche étrennes. Die feierlich präsentierten Spielwaren, die Arnaud Berquin in seinem 1782 erschienenen Buch »L'Ami des Enfants« ebenso beschreibt wie E. T. A. Hoffmann 1816 im »Nussknacker«, wurden kurz vor Neujahr verschenkt. Mit dem immer größer werdenden Erfolg der grands magasins im 19. Jahrhundert und der damit einhergehenden Verfügbarkeit und Erreichbarkeit von Waren für die Bourgeoisie wurden die Geschenke immer früher verschenkt und das Weihnachtsfest mutierte zum wichtigsten Familienfest des Jahres.

Die ersten großen Spielwarenabteilungen in den Kaufhäusern von Paris gab es etwa um das Jahr 1880. Und die Weihnachtsmärkte boten neben unterschiedlichsten Waren auch Essen und Getränke an, um den Aufenthalt der Käufer zu verlängern. Heute werden die Spielwarenregale in Paris und anderswo schon Anfang November gefüllt, die Weihnachtsmärkte Mitte November aufgebaut. Das sehr gut funktionierende System des Weihnachtskonsums ist weiterhin eingebettet in den christlichen Kontext: Im Christentum erinnert der Austausch von Geschenken an die Gaben der Hirten und Heiligen Drei Könige an das Christuskind und daran, dass im übertragenen Sinn an Weihnachten »Gott sich uns geschenkt hat«.

TRADITIONELLE UND ALTERNATIVE WEIHNACHTSMÄRKTE

Wer die etwas lauten, überfüllten und kitschigen klassischen Weihnachtsmärkte wie beispielsweise am Boulevard Saint-Germain oder den Tuileries meiden möchte, dem seien die vielen Initiativen alternativer Weihnachtsmärkte empfohlen. In den letzten Jahren sind diese überall verstreut in Paris entstanden, vor allem nachdem die an den Botschaften häufig skandinavischer Länder angedockten Weihnachtsmärkte sich so großer Beliebtheit erfreuten. Es gibt länderspezifische, solidarische, alternative, vintage-mäßige, exotische und andere mehr.

Immer Ende November öffnet der The Gros Marché de Noël, 4 bis Cité Véron im 18. Arrondissement. Der kleine, nur 20 Stände umfassende und nur drei Tage andauernde Weihnachtsmarkt bietet Vintage-Kleidung und -deko an und made in France wird dort ganz groß geschrieben. Etwas länger, nämlich fünf Tage, dauert der Marché de Noël de l'Église Suédoise de Paris, 9 rue Médéric im 17. Arrondissement. Er wurde früher von der Botschaft, heute aber von der schwedischen Kirche ausgerichtet. In dem kleinen, fast geheim anmutenden Hof lässt sich der starke schwedische Glühwein genießen.

Einen very British Weihnachtsmarkt organisiert die Saint George's Anglican Church im 16. Arrondissement. Wer eine Alternative zu typisch französischer Weihnachtskulinarik sucht, der findet dort englische Spezialitäten wie christmas pudding, crackers, jelly oder marmalade.

Entlang der ehemaligen Bahntrasse Petite Ceinture gestalten – von einem Kulturhaus in einem stillgelegten Bahnhof organisiert – an die 25 Aussteller, kleine Produzenten und lokale Handwerker einen besonderen Weihnachtsmarkt écoresponsable – den Village de Noël de Ta Mère Nature à la REcyclerie, 83 boulevard Ornano im 18. Arrondissement. Dort werden Pflanzen, Feinkost, Kosmetik, Spielwaren, Bücher und vieles mehr angeboten. Der Weihnachtsmarktbesuch ist nicht nur durch die Ateliers, sondern auch durch die kulinarische Auswahl von Brunch bis Abendcocktails mal wirklich etwas anderes. La REcyclerie arbeitet mal mit japanischen, mal mit isländischen oder finnischen Partnern zusammen, sodass das weihnachtliche Angebot jedes Jahr anders daherkommt. Auf 300 Quadratmetern ehemaliger Bahntrasse finden im Laufe des Dezembers bis zu drei Weihnachtsmärkte bei den Marchés de Noël du Hasard Ludique, 128 avenue de Saint-Ouen im 18. Arrondissement, statt.

Les parcs de Paris en hiver

Die winterlichen Parks von Paris

Klirrende Kälte und Frost ergreift Paris und überzieht die Stadt mit einer weißen Schicht. Alles ist etwas stiller und auch langsamer als sonst. Menschenleere da, wo es sonst quirlig ist. Alle ziehen sich die Mützen und Schals enger um Kopf und Hals und klatschen in dicken Handschuhen ihre Hände zusammen, um sie zu wärmen. Wenn der Himmel allerdings strahlend blau ist, vergessen wir rasch die Kälte. Kinder zerren lachend an den Armen ihrer Eltern – am liebsten würden sie sich losreißen, um auf die dünne Eisschicht der vor ihnen liegenden Pfützen zu treten oder den Tauben hinterherzurennen. Rennen bringt Wärme!

Die Bäume der Pariser Parks sind meist frei vom Grün des Sommers und ihre Äste stehen halb nackt von den Stämmen ab.

Ihr verlorenes Herbstlaub wird von den Pariser Straßenfegern und Stadtgärtnern aufgesammelt. Das Wasser an den Brunnen der Park-Bassins ist vereist und hinterlässt bei den Löwenskulpturen oder anderen steinernen Tierfiguren tropfende Nasen und Kinnpartien, was bei den Kindern für Vergnügen sorgt. Der Sand in den Alleen der Parks knirscht nicht mehr, sondern fühlt sich unter meinen Schritten hart an.

Noch vor ein paar Monaten saßen wir mit einem Buch in der Hand in den olivgrünen Sesseln des Tuileriengartens, eines ehemaligen im französischen Stil gehaltenen Barock-Schlossgartens rund um den Louvre, haben die Mittagspause genossen und die Sommertouristen unbeachtet gelassen. Nun ist der Park etwas eingeschlafen, die Starre des Winters hat sich über ihn gelegt, wie über alle anderen mehr als 500 Parks und Gärten der Stadt, die trotzdem im Winter fürs flanierende Publikum geöffnet bleiben (meist von 9 bis 17 Uhr).

An der Seite der Orangerie haben Gärtner einen Weihnachtsbaum für Vögel aufgestellt und Vogelfutter in Kugeln oder Ringen aufgehängt, die dankbar von den kleinen und mittelgroßen Stadtvögeln, wie Spatzen, Kohlmeisen oder Amseln, angenommen werden. Je nachdem, wie lange und frostig der Winter wird, gesellen sich zu den kleinen auch die Seine-Möwen, Ringeltauben und sogar die an Notre-Dame und der Tour Saint-Jacques lebenden Turmfalken. Alle finden in den nahe liegenden Parks Futter oder Unterschlupforte. Der geschützte Wanderfalke, der neuerdings immer wieder in der Gegend um den Eiffelturm gesichtet wird, fliegt ähnlich schnell wie ein TGV und kennt diese und andere Stellen gut. Hier tummelt sich seine bevorzugte Beute, die Tauben, die er im Fluge angreift.

Langsam geht die Wintersonne unter und schenkt den champs, den Prachtstraßen von Paris, ein letztes Mal eine beeindruckende orangefarben leuchtende Stimmung, die schließlich den Platz frei macht für die weihnachtlichen Abendilluminationen.

VÖGEL IM WINTERLICHEN PARIS

Ich begegne bei meinen Spaziergängen in Paris Eichelhähern und Rotkehlchen. Im eiskalten Wasser der Seine tummeln sich poules d'eau, Wasserhühner. Einen der schönsten Vögel, die man in Paris erblicken kann, findet man auf der Île de la Cité: die bergeronette des ruisseaux, die Gebirgsstelze. Einer der leichtesten und kleinsten Vögel wiederum sitzt in den Büschen der breitesten Straße von Paris, der avenue Foche. Gemeint ist der Zaunkönig, der troglodyte mignon, der zwischen 8 und 13 Gramm wiegt.

L'HIVER VON JEAN RAON IN DEN TUILERIEN

Von den zwischen dem Musée du Louvre und der place de la Concorde gelegenen Tuilerien erblicke ich die kunstvolle Symmetrie der Baumalleen, die der jardinier du roi, der königliche Gärtner André le Nôtre ab 1664 diesem Garten gab. Vorbei an den Statuen von Maillol, Rodin und Giacometti, die den Tuilerien die Anmutung eines Museums unter freiem Himmel geben und in der Kälte stoisch stehen, schreite ich vom zugefrorenen Grand Bassin Rond, auf dem die Stadttauben vorsichtig entlangtrippeln, voran in Richtung Champs-Élysées, die ich in der Ferne sehe. Zur Jahreszeit passt eine Statue, eine Kopie des »L'Hiver« von Jean Raon. Das Original wurde 1722 in den Tuileries aufgestellt und 1993 an das Musée du Louvre übergeben. Sie steht neben dem Grand Bassin Octogonal, am Beginn der Grande Allée, und stellt einen von der Kälte sich windenden alten Mann mit einer Feuerschale in den Händen dar. Langsam geht die Wintersonne unter und schenkt den champs, den Prachtstraßen von Paris, ein letztes Mal eine beeindruckende orangefarben leuchtende Stimmung, die schließlich den Platz frei macht für die weihnachtlichen Abendilluminationen.

Winterwandern in der Stadt?

Das Wetter in Paris variiert in den Wintermonaten zwischen drei und acht Grad. Eigentlich wunderbar, um viel und ausgiebig zu spazieren oder zu wandern: Wie wäre es mit einer Pariser Winter-Weihnachtswanderung? Die Stadt bietet seit einigen Jahren eine eigene grande randonné – eine 50 Kilometer lange Wanderstrecke. Auf ihr kann man – in Etappen natürlich – entlang der kleinen rot-weißen Banderolen mit der Aufschrift »GR PARIS 2024« durch 70 grüne Flächen, die nicht mehr als fünf Kilometer vom Stadtkern entfernt sind, wandern. Wem das zu viel ist, dem seien der Nord-Süd-Weg von 21 Kilometern (sentier numéro 2 von der Metrostation Porte de la Villette bis zum Parc Montsouris), der Ost-West-Weg von 21 Kilometern (sentier numéro 1 vom Bois de Vincennes bis zum Bois de Boulogne) oder der sentier numéro 3 empfohlen. Es gäbe auch eine noch kleinere Pariser Wanderstrecke (4,5 Kilometer), die entlang der coulée verte führt. Die frühere und nun begrünte und zum Teil in der Höhe verlaufende Bahntrasse im Osten von Paris, verbindet die Bastille mit dem Bois de Vincennes.

Im Park und an der Seine

Wer es ruhiger mag, kann auf einer Bank oder einem der legendären grünen Fermob-Parkstühle (wenn sie noch nicht von den Gärtnern in ihre Winterquartiere verräumt worden sind) in einem der über 500 städtischen Parks und 3 000 offenen Grünanlagen, kleinen Squares und geheimen Gärten bis hin zu Wäldern der Stadt sitzen und den Vogelliebhabern, von denen es in Paris einige gibt, beim Füttern der gefiederten Freunde zuschauen und einfach Weihnachten fernab vom Trubel auf sich zukommen lassen.

PÉTANQUE

Pétanque lässt sich auch im Winter spielen – in den unzähligen boulodromes oder einfach nur im nächstgelegenen Park, wie im Jardin du Palais Royal, Jardin des Tuileries, Jardin du Luxembourg, auf der place Dauphine oder nahe am Wasser an den Seiten des Canal de l'Ourcq, Port de l'Arsenal oder Canal Saint-Martin. Eigene klassische Boules-Sets sind natürlich ein Muss! Die findet man in Kaufhäusern oder im spezialisierten Handel. Die wohl bekanntesten und besten Pétanque-Kugeln sind die von OBUT. Der Laden befindet sich im 11. Arrondissement, 60 avenue de la République. Übrigens sind Original-Pétanque-Kugeln auch ein ideales Weihnachtsgeschenk.

STREET FISHING

Bei einem Weihnachtsspaziergang kann man junge Angler beim street fishing am Ufer der Seine oder der verschiedenen Kanäle zuschauen. Der Sport, bei dem junge Angler den Rentnern die Show stehlen, wird immer beliebter. Es gibt rund 30 000 Angler in der Stadt. Beliebte Orte werden manchmal von den Straßenanglern mit bunten Graffitis zurückgelassen und die Fotos davon finden sich in den sozialen Netzwerken der street fisher community wieder. Wer keine Angler mag, der beobachte einfach die Schwäne an der Île Saint-Louis vom beliebten Pont Saint-Louis aus. In der Weihnachtszeit wird diese autofreie Brücke oft auch von Musikern, Gauklern und Akrobaten aufgesucht und ist daher ein beliebter Verweilplatz für die Pariser wie auch Touristen.

DIE ORANGERIE IN DER WINTERSONNE

Links vom Palais du Luxembourg, in dem der Senat, das Oberhaus des französischen Parlaments, tagt, sonnen sich Menschen angelehnt an die Orangerie, wo die Gärtner die Palmen und andere frostempfindliche Gewächse untergestellt haben. Kinder rennen zum Abenteuerspielplatz und bedauern, dass das (übrigens von Rilke besungene) Kinderkarussell bei der Kälte keine Runden dreht. Dafür aber darf sich jeder am jeu de paume probieren, einem Vorläufer des Tennisspiels, für den keine Schläger benutzt, sondern nur Hände benötigt werden. Ebenfalls Hände, aber auch Köpfchen ist beim offenen Schachspiel nötig. Die überdachte Fläche ist bei jedem Wetter bis auf schräge Windlagen im Gebrauch. Ja, der Winter im Luco, wie die Pariser den Jardin du Luxembourg nennen, hat was!

TAI-CHI ODER YOGA IM FREIEN

Tai-Chi, Qigong oder Yoga im Freien: Im Jardin des Plantes, 57 rue Cuvier im 5. Arrondissement, schlagen Yoga-Liebhaber ihre Yogamatte auch bei kaltem Wetter im Freien auf. Wer Yoga nicht mag, der betrachte einfach im selben Garten die über hundertjährigen Bäume Sophora du Japon oder Cèdre du Liban unweit der großen Glashäuser. Auch in den Buttes-Chaumont, im Parc de la Villettes, an den Berges de la Seine gibt es Gratis-Kurse. Auf der Website der Stadt Paris (*www.parisinfo.com*) findet man die Kurs-Zeiten.

In meinem Lieblingspark, dem Jardin du Luxembourg, bewegen im nördlichen Teil und nahe den Tennisplätzen kleine Gruppen von Tai-Chi-Liebhabern oder Bekennern anderer Sportarten asiatischen Ursprungs ihre Arme und Beine langsam durch die kalte Pariser Winterluft. Sogar Säbel rasseln und glitzern dabei manchmal geheimnisvoll in der Wintersonne! Seit meiner Studentenzeit, in der ich den Park für mich entdeckte, hat sich wenig verändert, zum Glück. Nur eines ist relativ neu: Der ehemals königliche Park hat einen seiner grünen Kioske zu einem kiosque à sport umgewandelt. In den sozialen Netzwerken und unter lekiosquesportif@gmail.com kann sich jeder zu Gruppen oder Individualkursen anmelden. Für Pariser Verhältnisse sind diese auch noch halbwegs bezahlbar. Steht er offen, darf sich jeder nach Anmeldung an Bällen und anderen Geräten bedienen.

Moments magiques

Magische Momente

Moments magiques, haben Sie davon schon gehört? Angeblich passieren solche Momente gerne rund um Weihnachten, und das auch in Paris.

An Wunder und Märchen glauben wir Erwachsene schon lange nicht mehr, aber doch irgendwie an magische Momente, eigenartig.

Nun, es liegt an einem selbst, ob hier und jetzt, in Paris oder anderswo, ein magischer Moment entsteht. Viel ist dazu nicht nötig – wenn man Zeit hat, ich gebe es zu. Pariser haben diese Zeit meist nicht, sie stehen oft im Stau, haben zu arbeiten oder Einkäufe zu erledigen. Pariser gelten als übellaunig, manchmal unhöflich, viele Streiks legen den Alltag lahm und nerven.

Und doch … es gibt auch andere Szenen und schon entsteht ein kleiner magischer Moment. Da ist die flüchtige Begegnung, die ein gutes, angenehmes Gefühl hinterlässt. Oder der kurze Austausch mit dem Vordermann oder der Frau hinter uns, weil wir in einer Schlange stehen, was in Paris gar nicht selten der Fall ist. Wenn wir einfach mal nicht zulassen, genervt zu sein.

Da ist das kurze Gespräch mit der Verkäuferin mit dem schwarzen Kurzhaarschnitt in der boulangerie, in der wir morgens unsere Baguettes holen, über die Wahl des weihnachtlichen roten Lippenstifts. Wo könnte ich dieses Rot, was sie trägt, bekommen?

Oder eine Plauderei mit dem charismatischen italienischen Maroni-Mann Giovanni, dem marchand de marrons, der tagein, tagaus immer an derselben Straßenecke direkt gegenüber dem Café de Flore steht und den Kessel für seine aus Italien importierten Maronen anheizt. Der Duft ist unwiderstehlich, ich muss bei ihm immer haltmachen! Giovanni erzählt mir, dass er seit 25 Jahren mit derselben Freude seine Maronen verkauft und sogar Stella, die Tochter Jean-Paul Belmondos und Natty Tardivels, sie geliebt hat! Sie sei um die Ecke groß geworden und oft da gewesen. Ob sie wohl gerade jetzt den Boulevard hochspaziert?

Marrons dans le diable

Maronen aus dem Römertopf

ZUBEREITUNG

Maronen leicht einritzen. Einen Römertopf mit Wasser füllen, damit sich seine Wände damit vollsaugen. Das Wasser abgießen. die Maronen in den Topf geben und bei geringer Hitze im Dampf garen. Ab und zu umrühren, bis die Maronen leicht aufplatzen.

Ein moment magique kann aber auch das freundliche Lächeln auf den Lippen der jungen japanischen Crêpes-Verkäuferin im Jardin du Luxembourg sein, die ganz nahe am Bassin in ihrem grünen Kiosk steht, die dampfenden Crêpes mithilfe des hölzernen Crêpe-Schabers elegant formt und dabei künstlerische Handbewegungen macht.

CRÊPES UND VIN CHAUD

Im dunkelgrünen Wintermantel verkauft sie anstatt Eis nun vin chaud. Sie verschwindet kurz und lässt uns allein am Kiosk zurück, um Nachschub für ihre Kunden zu holen. Wir warten geduldig, schließlich möchten wir gerne das winterliche Konzert im Park mit heißem Getränk genießen. Die Kinder strömen unterdessen lachend und glücklich aus dem Théâtre de Marionettes heraus und verwechseln mich kurzerhand mit der japanischen Kioskbesitzerin. Hier stand ich schon als Sorbonne-Studentin an, um meine Lieblingscrêpe mit Grand Marnier zu bestellen. Ich lächle und tagträume – wie es sein mag, hier jeden Tag zu arbeiten.

DIE BLAUE STUNDE

Der kleine magische Moment kann auch ein Spaziergang an der Seine rive gauche entlang zur blauen Stunde sein, wenn die Lichter in den Pariser Wohnungen schon an sind, es draußen aber noch nicht ganz dunkel ist. Meist sind die Gardinen und Jalousien noch nicht geschlossen und das Leben derer in den Wohnungen vermischt sich für eine kurze Zeit in besonderem Licht mit dem Leben draußen. Wie geht es wohl drinnen zu?

BONNES FÊTES!

Es lohnt sich, den Menschen, denen man begegnet, ein »Bonne fêtes!« oder »Joyeux Noël!« oder auch »Merci!« zuzurufen – allein schon diese Ausdrücke können beinahe allen ein Lächeln entlocken. Ich gehe durch die leeren, engen Gassen von Le Marais und plötzlich höre ich ein »Joyeux Noël!« von einer älteren Dame mit rosafarbenem Hut, die einen altmodischen Einkaufswagen hinter sich herzieht. Ich drehe mich um und nehme nur noch den Hut wahr, der um die Ecke in einen Innenhof abbiegt. Hier wohnt sie wohl, die alte Dame, denke ich und überlege kurz, wie sie wohl Weihnachten feiert.

*Kein Père Noël weit und breit!
Etwas niedergeschlagen
schlugen wir langsam
den Weg nach Hause ein,
spazierten noch zur Westspitze
der Île de la Cité, anschließend
zur ruhigen und nicht so
belebten place Dauphine
hinter dem Justizpalast
und staunten
nicht schlecht!*

AUF DER SUCHE NACH PÈRE NOËL

Ein moment magique passiert einfach und kann nicht auf Knopfdruck herbeigeführt werden. Wir erlebten mal einen, als wir für die Kinder eine Weile erfolglos nach einem Weihnachtsmann, dem meist von einem Schauspieler dargestellten Père Noël, suchten. Es sollte doch einer am Eingang der Weihnachtsmärkte oder der grands magasins stehen, dachten wir uns, trabten von einem weihnachtlich anmutenden Ort zum nächsten und wurden doch überall enttäuscht. Kein Père Noël weit und breit!

Etwas niedergeschlagen schlugen wir langsam den Weg nach Hause ein, spazierten noch zur Westspitze der Île de la Cité, anschließend zur ruhigen und nicht so belebten place Dauphine hinter dem Justizpalast und staunten nicht schlecht! Da stand er nun, unser Père Noël, umringt von ein paar blau geschmückten Weihnachtsbäumen auf dem Sandplatz – und spielte Boule! Er hatte einen grauen Bart, lachende Augen, einen runden Bauch, eine schwarze Mütze und eine schwarze Jacke, die von einem breiten Gürtel festgehalten wurde. Ein wahrhaftiger Weihnachtsmann, nur in Schwarz, kein Schauspieler, wir waren uns alle sicher! Nie werde ich diesen moment magique vergessen, als wir etwas Bestimmtes suchten und etwas anderes fanden.

Es gibt sie, die magischen Momente, die sogar alteingesessenen Parisern wie ein Zauber vorkommen – etwa der ganz und gar spektakuläre Augenblick, wenn der Eiffelturm zur vollen Stunde in Tausenden glitzernden Lichtern erstrahlt. Ich kenne Pariser, die den Eiffelturm eigentlich hassen, aber ihn dann doch in diesem einen Augenblick lieben.
Und dann sind da noch die Paare, die entlang des Canal Saint-Martin eng aneinandergeschmiegt in der winterlichen Abendsonne spazieren…

Beseelt von Kunst und Kultur

LITERARISCHE SCHÄTZE

Für Buch- und Weinliebhaber empfehle ich den Besuch der La Belle Hortense, die 1977 von einer ehemaligen Mitarbeiterin des renommierten Verlags Actes Sud gegründet wurde. In dieser librairie-cave à vin, einer Buchhandlung mit angeschlossener Weinbar, lassen sich bei einem guten Glas Wein die erworbenen Bücher entspannt lesen. Es lohnt sich, vorher anzurufen und die Öffnungszeiten zu erfragen: Der eigenwillige Ort im 3. Arrondissement, 31 rue Vieille du Temple, ist manchmal spontan geschlossen, auch mal zehn Tage lang in der Vorweihnachtszeit, aber meist doch bis zwei Uhr morgens geöffnet.
www.rphunter.com/cafeine-reservations-3/#/

Oder spazieren Sie doch an den wenigen am Seine-Ufer übrig gebliebenen und in der Kälte ausharrenden Buch-Antiquaren vorüber, bestaunen Sie ihr Angebot und kaufen Sie vielleicht eine der alten Paris-Postkarten oder ein altes Buch. Es macht Freude, mit den bouquinistes ins Gespräch zu kommen und ein wenig zu plaudern.

DA IST DOCH KUNST AM WERK

Eine wunderbare Idee bei nasskaltem Wetter ist auch, in einem der vielen Museen der Stadt die Kunstwerke zu betrachten und anschließend im Museumscafé eine Tasse heißen Tee zu sich zu nehmen. Mein Lieblingsmuseum ist seit Kindheitstagen, als mein Vater dort arbeitete, der Louvre und mein dortiges Lieblingscafé das Café Richelieu, das zum legendären Café Angelina, 226 rue de Rivoli, gehört. In beiden Häusern ist der Mont Blanc, eine Kreation aus knusprigem Baiser unter einer cremigen Kuppel von mit Kastaniencreme aufwendig verzierter Schlagsahne, mein Favorit.
www.angelina-paris.fr/adresses/musee-du-louvre

Viele Museen bieten dauerhaft kostenlosen Eintritt, einige nur den Jüngeren unter 26 Jahren oder Studenten, andere allen Besuchern am ersten Sonntag im Monat, wiederum andere während ihrer Dauerausstellungen. Es lohnt sich, sich auf der Touristeninfo-Website der Stadt Paris zu erkundigen.
www.parisinfo.com/visiter-a-paris/paris-gratuit/musees-et-monuments-gratuits-a-paris/les-musees-et-monuments-gratuits-a-paris

Passend zur Weihnachtszeit haben wir uns Eintrittskarten für das kleine, skurrile Musée des Arts Forains reserviert, 53 avenue des terroirs de France im 12. Arrondissement. Hier sind wir umgeben von alten Rummelplatzobjekten, Fahrgestellen und Musikautomaten, optischen Illusionen und Marionetten aus dem 19. Jahrhundert.

Ein anderes Museum, das Kindern viel Freude macht, ist das Musée de la Magie et des Automates im Marais-Viertel, 11 rue Saint-Paul.

Im Viaduc des Arts schaffen Künstler und Handwerker in 62 Gewölben in einer 1,5 Kilometer alten Bahntrasse entlang der avenue Daumesnil im 12. Arrondissement Unikate. Man findet dort Stickerei- und Schreinerkunst, Mode, Stuck, Leder, Schmuck, Stoffe, Möbel, Schuhe, Mosaiken, Plumassiers, Lithografie, Buchkunst, Lichtinstallationen, Rahmen, Bronzen, Regenschirme, Klaviere, Violinen und Flöten, Gläser, Schokoladen, Parfum – alles handgemacht, maßgeschneidert und im Atelier durch Ausstellungen und Kurse erlebbar. In einer Gärtnerei sind fünf Künstler am Werk und ein paar Restaurants und Cafés laden zu einer kulinarischen Pause ein.

LE NOËL
DES PETITS SANTONS
DOUCE NUIT
VIVE LE VENT
MON BEAU SAPIN
PETIT GARÇON

Préparations de Noël

Vorbereitungen für das Fest

Neben den weihnachtlichen Vorbereitungen für die Kinder ist für die Erwachsenen vor allem das Essen – zur veillée am Abend des 24. Dezember und auch am 25. und 26. Dezember – zentrales Ereignis. Auf diese dîners und déjeuners wird in Frankreich sehr viel Wert gelegt. Kümmern wir uns zunächst allerdings um unseren Weihnachtsbaum, denn auch er darf keinesfalls fehlen!

5€
pièce
12€
les 3

Mon sapin de Noël est à Paris

Mein Weihnachtsbaum steht in Paris

Der Weihnachtsbaum wird in Frankreich traditionell etwa vier Wochen bzw. vier Sonntage vor dem eigentlichen Fest zu Hause aufgestellt. In der Stadt und im Handel, in öffentlichen Institutionen oder in Büros wird sogar noch früher weihnachtlich dekoriert. Manche französischen Familien stellen den Weihnachtsbaum zusammen mit dem Adventskalender am 1. Dezember auf oder auch nach englischer Tradition zwölf Tage vor dem Fest (so viele Tage, wie das Jahr Monate hat). Uns war dies alles immer zu früh – unser Baum wurde erst am Tag vor dem 25. Dezember aufgestellt und wir schmückten ihn, als schöne Familienbeschäftigung in Erwartung des Festes, alle zusammen.

Märkte, Gärtnereien und Floristen

Ab Anfang November bieten jardineries, Gärtnereien, ihre Tannenbäume zum Verkauf an. In Paris, wo der Platz für Gärtnereien rar ist, haben klassische Blumenhändler diese Aufgabe übernommen und beziehen ihre Tannen vom Großhandel Rungis im Südosten von Paris oder idealerweise von lokalen Produzenten rund um Paris, die ihre Tannenzucht nach ökologisch wertvollen Prinzipien betreiben.

In Paris muss also nicht lange nach einem Weihnachtsbaum gesucht werden! Unzählige Blumenhändler in jedem Quartier, in jedem Arrondissement und auch Supermärkte bieten Tannenbäume in jeder Größe an – von einem Meter für die klitzekleine Ferienwohnung bis zehn Meter für Büros.

Der Baumkauf macht mir immer viel Spaß und versetzt mich in herrliche Weihnachtsstimmung:

L'Artisan Fleuriste im 3. Arrondissement, Angle de la rue des Quatre-Fils et de la rue Vieille du Temple, verkauft in einem Chalet.

Fleurs d'Italie, im 13. Arrondissement, 203-205 boulevard Vincent Auriol, zeigt fast alle seine Bäume ohne die Plastiknetze, sodass man den Baum vorher gut betrachten kann. Hier steht man mitten in Paris am Boulevard in einem kleinen Wald voller aneinandergereihter Tannen.

Marché de Noël du Printemps Haussmann, im 9. Arrondissement, rue Caumartin, verkauft schöne Nordmanntannen. Geöffnet hat der Markt ab Mitte November. Dort stellt die Jardinerie Truffaut, sonst im 13. Arrondissement beheimatet, ihre Tannen aus und liefert auch den Baum nach Hause, wenn man ihn im abendlichen Verkehr nicht selbst durch Paris transportieren möchte.

Im Marché aux Fleurs Reine Elisabeth II (ehemals Marché aux Fleurs et Aux Oiseaux), place Louis l'Épine auf der Île de la Cité, warten Pflanzen, Blumen und Bäume in alten Eisenhallen aus dem 19. Jahrhundert auf ihre Käufer. Der nach der 2022 verstorbenen Queen umbenannte legendäre Blumenmarkt ist etwas in die Jahre gekommen, soll aber in den nächsten Jahren renoviert werden.

Noch besser: Warum nicht den eigenen Baum bei den Compagnons Scouts, dem französischen Pendant zu den Pfadfindern, bestellen! Bei der Église Saint-Léon, 1 place du Cardinal Amette, 75015 Paris, zum Beispiel kann man seine Nordmanntanne nach Vorbestellung abholen und tut noch etwas Gutes. Informationen und Vorbestellungen: *www.saintleon.com*

Wer bei heimischen Produzenten rund um Paris bestellen möchte, kann sich auf einer interaktiven Karte auf der Website der Association Française du Sapin den Noël naturel (*www.afsnn.fr*) bei einem nahe gelegenen Produzenten aussuchen.

Dekorationen aus Tannengrün

Die Blumenhändler von Paris investieren ihr Können und ihre Inspiration oft in die manchmal überladenen, immer jedoch beeindruckenden Schaufensterdekorationen, die sich Geschäfte zur Weihnachtssaison leisten. Sie bringen Tannenzweige, Kugeln, bunte Bänder, weihnachtliche Figuren und vieles mehr an beiden Seiten der Schaufenster und über den Läden an. Sie binden auch Adventskränze oder Blumendekorationen für die festliche Tafel zu Hause, zum Beispiel frische Tannenzweige, gepaart mit getrockneten Früchten oder Blumen. Die Farben variieren je nach aktueller Mode. Als Alternative zu den typischen und traditionellen Farben Weihnachtens – Rot, Weiß und Grün – greifen die Blumenkünstler auch gern einmal zu Farben wie Tiefviolett, Aubergine oder Bordeauxrot mit einem Touch Gold, oder sogar zu Blautönen, Curry oder Altrosa.

Dabei bilden die Zweige unterschiedlicher Tannenarten immer die Grundlage und bringen ihren herrlichen Duft mit, meint Pierre Banchereau, der graubärtige Florist bei Debaulieu, dem ich in der Weihnachtszeit, umringt von üppigen, bunten Adventskränzen in verschiedenen Größen, mitten in seinem Blumenatelier in der Nähe von Pigalle begegne. Er sieht die Blumen als Farbtupfer inmitten der dunklen Zweige und lässt sich gern von Architektur, Kunst, Design bis hin zum Film inspirieren – oder lässt sich einfach von seiner Intuition leiten. Debeaulieu gestaltet die Weihnachtsdekoration diverser Pariser Boutiquen und Hotels und wird von vielen Marken für die weihnachtliche Schaufenster- oder Innengestaltung beauftragt, etwa vom Juwelier Chaumet auf der place Vendôme.

Debeaulieu bietet zudem Workshops an, um Adventskränze à la française zu gestalten.
Debeaulieu (Blumen): 30 rue Henry Monnier, 75009 Paris
Debeaulieu (Wintergarten, Pflanzen und Objekte): 19 rue Victoire Masse, 75009 Paris
www.debeaulieu-paris.com

DER ERSTE WEIHNACHTSBAUM AM HOFE IN VERSAILLES

Die Frau von Ludwig XV., Marie Leszcynska, stammte aus Polen und wünschte sich 1738 einen Weihnachtsbaum, so wie sie ihn aus dem Norden und Osten kannte, als protestantische Antwort auf die katholische Darstellung der Geburt Jesu und das Aufstellen einer Krippe. Den ersten Weihnachtsbaum soll es bereits 1546 im elsässischen Sélestat gegeben haben. Schon die Schwägerin Ludwigs XIV., Prinzessin Palatine, hatte den Versuch mit einem geschmückten Baum im Spiegelsaal von Versailles gewagt, aber nur Verachtung aufgrund der Früchte und Bänder geerntet, die ihn zierten. Besonders erfolgreich und am Hofe beliebt war diese Tradition erst nicht, es brauchte dafür noch mehrere Anläufe und ein ganzes Jahrhundert. Prinzessin Helene von Mecklenburg, Ehefrau des Duc d'Orléans, wagte 1837 einen neuen Anlauf und ließ einen frisch geschlagenen Baum an den Tuileries aufstellen. Auch Pauline von Metternich, Gattin des österreichischen Botschafters, schmückte im 19. Jahrhundert jedes Jahr aufs Neue einen prachtvollen Baum in ihren Salonräumen, 101 rue de Grenelle. Ihr gesellschaftlicher Einfluss machte den Baum zu einem Vorbild für alle aus der Pariser Society. Doch erst durch die Zuwanderung aus dem Elsass und Lothringen nach dem Krieg von 1870 verbreitete sich die Weihnachtsbaumtradition auch in Paris rasant.

Weihnachtsbaumschmuck gestern und heute

Der Weihnachtsbaumschmuck musste, als es noch keinen elektrischen Strom und entsprechend noch keine elektrischen Lichtgirlanden gab, besonders auffallend sein, damit der Baum im Raum strahlen konnte. Die ursprünglich aus Deutschland im 16. Jahrhundert von den Elsässern übernommene Tradition, echte rote Äpfel daran zu hängen, wurde aufgrund der vielen flüchtenden Elsässer im Krieg von 1870 nach Paris und ganz Frankreich exportiert. Mitte des 19. Jahrhunderts gab es auch die ersten Weihnachtskugeln aus Glas, boules de Noël, die das Licht der Baumkerzen so schön reflektieren. Hinzu kamen außerdem Glas-Sterne, Lametta, Girlanden, andere mundgeblasene Objekte.

Tout et (presque) tout

Essen ist das Ein und (fast) Alles

Vom Miteinander und vom Teilen

Meine Großmutter, Mamie, erinnerte uns immer wieder daran, dass wir das alles nur machen würden, um die Geburt des Jesuskindes zu feiern. Bei uns in der Familie fanden die dîners und déjeuners de Noël nicht nur im Kreis der Familie statt – wir luden auch Freunde oder alleinstehende Nachbarn dazu ein.

Konnten sie nicht zu uns stoßen, so brachten wir ihnen Selbstgemachtes, Plätzchen oder ein komplettes Weihnachtsessen. Das Gesellige, das Miteinander und das Teilen standen und stehen immer noch für uns im Vordergrund. Um leckere, besondere und seltene Speisen auf den Tisch zu bringen, kauften wir ausgiebig ein. Und dann brutzelten und backten wir stundenlang!

An Weihnachten werden in Frankreich viele Gänge, weit mehr als sonst üblich, serviert und im besten Fall ist es, wie bei uns, eine Gemeinschaftsarbeit der ganzen Familie. Jeder backt oder kocht einen Gang, jeder gibt sein Bestes, damit das Noël-Essen unvergesslich wird. Und wenn das zeitlich nicht geht, wird eingekauft, beim traiteur, dem Feinkostladen um die Ecke, oder auf dem Markt.

Den süßen Abschluss des Weihnachtsessens und im Grunde das wichtigste Weihnachtsdessert, die bûche de Noël, besorgen wir oft bei einer guten Pariser Patisserie. Das ist ausschließlich ein Zeichen von Qualitätsbewusstsein. Außerdem leistet man sich zu Weihnachten gerne einmal etwas Gutes. Es gibt unzählige hervorragende, zum Teil weltbekannte Patisserien in Paris: Ladurée, Stohrer, Lenôtre, Gaudard, Pouschkine, Grolet, Michalak, Genin, Couvreur, Carette und viele andere. Die Patisserie, in der für Weihnachten eingekauft wird, ist häufig jedes Jahr dieselbe. In manchen Familien wird daran über Generationen hinweg festgehalten. So ist die historische Patisserie Carette (4 place du Trocadéro im 16. Arrondissement seit 1927) in unserer Familie die erste Wahl. »Tradition oblige« heißt es dann! Bei Carette hat man die Qual der Wahl, wenn es um die bûche de Noël geht – mit dunkler Schokolade, Karamell und Salz oder Pistazie und Blutorange, Haselnuss und Vanille …

Zum Zeitpunkt des Patisserie-Einkaufs, ist das Festessen in der Regel seit Wochen in der Familie durchgesprochen und gar diskutiert worden: der Aperitif, der Champagner, der Wein, die Digestifs, die entrées, der Hauptgang mit seinen Beilagen, der Salat, die Käseplatte und überhaupt alle für das Festessen unabdingbaren Zutaten. Das konnte bei uns immer mein Vater am besten und am ausdauerndsten, bedeutete doch für ihn das Essen und seine Zubereitung – neben ein paar anderen Lieblingsbeschäftigungen – einfach alles auf der Welt.

PATISSERIE
ET
VIENNOISERIE
PUR
BEURRE
SPECIALITE
DE
BRIOCHE
CROISSANT
FRANÇAIS
BISCUITERIE
FINE

Achats pour le repas de Noël
Einkäufe für das Weihnachtsessen

Der Weihnachtseinkauf gestaltet sich in einer Weltstadt wie Paris eher einfach. Auf den vielen Märkten in den Quartiers erhält man frisches Gemüse, Obst, alle Milchprodukte und Käse sowie Fleisch, Fisch und Meeresfrüchte und Backwaren, selbstverständlich auch in Bioqualität oder aus der Region.

Die meisten Händler verfügen über gute Warenkunde, was sie zu wertvollen Beratern anlässlich der Vorbereitungen für das Weihnachtsessen macht. Sie beziehen ihre Produkte oft bei kleinen Produzenten rund um Paris oder aus den angrenzenden Départements, aber nicht nur. Auch Spezialitäten-Stände erfreuen sich großer Beliebtheit, etwa für getrocknete Früchte aus der Provence, Vulkanhonig aus dem Puy de Dôme in der Auvergne oder für exquisiten Schinken aus der Gegend von Lyon. Der Großmarkt Rungis, der die legendären Hallen von Paris (auch Le Ventre de Paris genannt) Ende der 60er-Jahre ersetzt hat, liegt unweit im Pariser Süden und versorgt mit seinen über 230 Hektar nicht nur die Märkte, Geschäfte und Restaurants der Stadt mit Leichtigkeit, sondern auch halb Europa. Wer dort einmal ab zwei Uhr nachts durch die Hallen gelaufen ist, wie ich es mit meinem Freund Matthieu auf Einkaufstour für sein wunderbares Restaurant Bistronomique Le Bélisaire* im 15. Arrondissement getan habe, der kann erahnen, wie schwer schon alleine die Auswahl für die Marktfrauen und -männer sein muss. Verteilt auf fünf Hallen für Obst und Gemüse, Fisch, Fleisch, Milchprodukte und Blumen und eine Halle allein für Biowaren, sorgen Grossisten und Hallenchefs für bestmögliche Ware, die dann über die einzelnen Märkte auf den weihnachtlich gedeckten Esstischen landet.

Matthieu Garrel scheut sich nicht, für sein kleines Restaurant ausschließlich Waren von höchster Qualität einzukaufen. Weihnachten sorgt bei ihm für eine kleine Explosion an terre-mer-Gerichten, die es sich lohnt zu entdecken. Als Bretone verarbeitet er viel Fisch und Meeresfrüchte und besorgt diese selbst aus seinem Heimathafen.

* Le Bélisaire, 2 rue Marmontel, 75015 Paris
www.restaurant-belisaire.paris/chef-matthieu-garrel/
Tel.: 0033 1 48 28 62 24

Matthieu verantwortet auch die Küche des Restaurants Magnum 150cl in der 1 rue Phalsbourg im 17. Arrondissement.

Crevettes Sauvages
7,95 €
Coquilles Saint-Jacques
6,95 €
Bulots
19,95 €
Crevettes Grises
GAMBAS BIO de MADAGASCAR

MARCHÉS DE PARIS

Meine Großmutter besuchte den Markt von Saint-Germain-en-Laye bis ins hohe Alter dreimal die Woche, um für sich immer frisch einzukaufen.

Wie wohl die meisten Pariser gingen meine Eltern und meine Großeltern täglich einkaufen, oft auf dem Nachhauseweg von der Arbeit. An Weihnachten nahmen sie immer eine lange Zutatenliste mit. Nichts durfte fehlen für das schönste Essen des Jahres! Meine Großmutter besuchte den Markt von Saint-Germain-en-Laye bis ins hohe Alter dreimal die Woche, um für sich immer frisch einzukaufen. Entsprechend kannte sie sich bestens mit dem Angebot aus, auch wenn sie eher an kleine Portionen für eine alleinstehende ältere Pariser Dame gewöhnt war. An einem Stand holte sie eine einzelne Scholle für das Mittagessen, am nächsten ein oder zwei Pfund herbstlich reifes Obst für ihre sagenhafte Wintermarmelade, am übernächsten 250 Gramm der kleinen Kartoffeln namens Charlotte … An Weihnachten brauchten wir Zutaten für mehrere Tage und für viele Familienmitglieder. Mamie gab uns immer die beste Orientierungshilfe, empfahl uns, an bestimmten Tagen für besondere Zutaten einzukaufen, oder auch mal ein spezielles Angebot. Es tat gut, sie als Einkaufsberaterin in unserer Familie zu haben!

82 MÄRKTE VERTEILT IN DER HAUPTSTADT

Märkte haben in Frankreich ihren festen Platz im Alltag der Menschen, ob die ständig eingerichteten Obst-, Gemüse- oder Fleischstände oder die alten Markthallen. Jeder Pariser hat in seinem Arrondissement einen Lieblingsmarkt, auf dem er auch seinen bevorzugten Anbieter hat. Und jeder Markt in Paris (und in ganz Frankreich) hat seine Besonderheit! Es gibt allein 82 Stück in Paris, der älteste ist von 1615, der Marché des Enfants Rouges, 39 rue de Bretagne im 3. Arrondissement. Es gibt Biomärkte, wie den, der jeden Sonntag auf dem Boulevard Raspail nahe des grand magasin Bon Marché im eleganten 6. Arrondissement stattfindet und auf dem man Obst, Gemüse, Käse, Blumen mit Biogütesiegel erstehen kann. Andere Märkte sind mit Spezialitäten aus verschiedenen Regionen bestückt, wie Gänseleberpastete, Schinken, Honig oder Oliven. Die rue Montorgeuil ist eine ganz den Fußgängern und Feinschmeckern gewidmete Straße mit diversen kulinarischen Geschäften und Marktständen. Gerne gehen wir auf den fast 100 Stände großen Markt am Boulevard Richard Lenoir, den Marché Bastille, oder den Marché d'Aligre im 12. Arrondissement, der auch Trödel, brocante, im Angebot hat.

AUCH IN DER PERIPHERIE VON PARIS, DER BANLIEUE, IST DAS ANGEBOT RIESIG

Unser Lieblingsmarkt in Saint-Germain-en-Laye im Pariser Westen findet dienstags, freitags und sonntags statt. Er ist ein bunt gemischter Markt. Nicht nur Obst- und Gemüsehändler buhlen lautstark um die Gunst der Kunden. Auch frischer Fisch und Meeresfrüchte, Fleisch, Wurst und Schinken, Eier, Öle, getrocknete Früchte, Brotwaren (wie das traditionelle Pariser pain Poilâne) und regionale Spezialitäten werden feilgeboten. Dazu gesellen sich Kleider- und Schuhstände sowie Anbieter von Geschirr und Töpfen, Korbwaren und Pinseln, Büchern, Möbeln, Antiquitäten und etlichem mehr. Die Händler sind uns gut bekannt, man unterhält sich zuweilen sogar über die Familie. Da lässt sich auch mit vollen Körben noch nach einem letzten kleinen Weihnachts-Mitbringsel Ausschau halten, denn der Markt lässt Platz für den einen oder anderen Stand von Ehrenamtlichen mit Selbstgebasteltem oder -genähtem. Ergänzt werden die Marktstände durch Spezialitätenläden, die sich rund um den Marktplatz platziert haben und Gewürze, Pasteten, konfierte Früchte, Kaffee und Spezialitäten aus allen Départements Frankreichs verkaufen. Nach dem Marktbesuch ist immer noch Zeit für einen Kaffee in einem der nahe gelegenen Cafés.

Unser liebstes Café in Saint-Germain-en-Laye war schon immer das Café de l'Industrie in den Arkaden. Unter den Bistrotischen machen große Einkaufskörbe voller weihnachtlicher Zutaten den müden Füßen den beengten Platz streitig.

Wir sind jedes Mal glücklich, wie nach einer gewonnenen Rallye, alle Zutaten auf unserer Weihnachtsliste gefunden zu haben. Es kann nun losgehen mit dem Kochen und Vorbereiten für Noël!

Art de table à la française:

Tischkultur

Die weihnachtliche Tisch- und Raumdekoration ist eine Frage des Geschmacks. Tischsets oder Tischdecke, Damast oder Leinen, Porzellan oder Steingut, Kristall oder einfaches Glas, Silber oder Alltagsbesteck, Tischdekorationen oder lieber pures Design ohne Schnickschnack, Geschirr für mehrere Gänge, Beleuchtung und Kerzen, Blumenschmuck usw. Die Gedanken aller Familien in Frankreich kreisen jedes Jahr wieder um dieselben Fragen, um das Fest so schön wie möglich zu gestalten, je nach vorhandenen Requisiten und auch Budget.

Gerne werden mehrere verschiedene dezente Lichtquellen, wie Kerzenhalter unterschiedlicher Höhe und Laternen, in der Mitte des Tisches platziert. Dazu können kleine Tannenzweige und -zapfen, goldene Blätter, einige Christbaumkugeln in der Farbe der Kerzen oder ein paar Pailletten in passender Farbe auf dem Tisch arrangiert werden.

Der Faustregel, nicht mehr als drei Farben zu benutzen, um eine schöne Tischharmonie zu erhalten, kann man folgen, muss man aber nicht. Der Klassiker ist sicher Grün mit Rot und Weiß oder Gold. Wobei es jedes Jahr einen trendigen Grünton gibt, wie Salbeigrün oder Moosgrün, den die Modehäuser Frankreichs vorgeben und der etwas Modernität in das Ensemble bringt. Aber auch Kupfer oder Rosé mit Schwarz harmonieren miteinander.

Es erfordert nicht nur sensiblen Geschmack, sondern auch Sinn und Wissen über Tisch- und Tafelkultur, auch art de table* genannt. Dies umfasst Tischsitten, Etikette, Menü- und Weinabfolge, Service, Unterhaltung, Wissen über Traditionen, Rituale, Usancen bei Festen, einfach alles, was dazugehört, um Gäste zu empfangen. Unsere Familie fand bei den weihnachtlichen Vorbereitungen zwei Dinge wichtig: das »Freisein« von sich fremd anfühlenden Dogmen, steifen Zeremonien und Ritualen, und den Wunsch, dass sich alle wohlfühlen, damit der Sinn des weihnachtlichen Zusammenseins, das Teilen von Zeit und Freude, erfüllt ist.

ART-DE-TABLE-GESCHÄFTE

Bei der art de table braucht niemand Angst vor angeblichen Fehlern zu haben. Es hilft zu wissen, dass sich die jeweilige Tischkultur des Landes im Laufe der Jahrhunderte sehr stark verändert und immer Einflüsse von außen aufgegriffen hat. So kam zum Beispiel erst unter Henri III die Gabel in Frankreich in Mode, die sich in Venedig schon längst etabliert hatte. In Frankreich legt man die Gabel mit den Zacken nach unten, ein altes Relikt aus der Zeit der Renaissance, als der Adel seine Insignien auf den Gabelrücken prägen ließ. In England wiederum war es die Vorderseite des Griffs, weswegen dort also die Gabel mit den Zacken nach oben liegt. Zacken oben oder unten: eigentlich egal. Warum nicht flexibel und erfinderisch sein! Alles, was bei der Auswahl der Tischwäsche, des Geschirrs, der Gläser, der Dekoration nicht durch ein üppiges Portemonnaie oder umfangreiches Wissen ausgedrückt werden kann, wird durch Ausdruck von Persönlichkeit und Kreativität ausgeglichen. Wichtig ist: Es macht Spaß, fühlt sich für alle gut an und das Essen schmeckt!

* Auf die art de table haben sich Geschäfte spezialisiert, wo man alles bekommt, was dazugehört: Geschirr, Töpfe, Gläser, Tischwäsche, Besteck und anderes Tafelwerkzeug oder Kerzenständer.

Meine Art-de-table-Empfehlungen

Cassiopée & Co, im Innenhof von 23-25 rue Saint-Paul im 4. Arrondissement, das Bakkarat-Gläser von 1900, antikes Silber, Kristall-Karaffen, Leuchter und vieles mehr anbietet.

Bei Alix D. Reynis, 22 rue Jacob im 6. Arrondissement (diese Straße ist für Liebhaber der art de table à la française nur zu empfehlen) findet man im eigenen Atelier hergestelltes Porzellan, Tischdekorationen und vieles mehr. In einem ganz eigenen Dekor werden regelmäßig wunderschöne Tische à la française arrangiert. Zeit für Inspiration! Mir hat es zudem seine Schmuckkollektion angetan. *www.alixdreynis.com*

Tisch decken wie in Frankreich – Eine Anleitung

Es sollte 50, besser 70 Zentimeter Abstand zwischen den Tellern sein.

Rechts vom Teller erst Suppenlöffel à la française mit der gewölbten Seite nach oben, dann Fischmesser und anschließend Fleischmesser mit der Schneidefläche nach innen. Falls benötigt, liegen Austerngabeln und Schneckengabeln rechts außen. Die anderen Gabeln werden links vom Teller aufgereiht; alle Gabeln werden à la française mit den Gabelzacken nach unten gelegt.

Zwischen den einzelnen Bestecken sollte eine Daumenbreite Abstand liegen. Es gibt nie mehr als drei Bestecke pro Tellerseite.

Käsemesser und Dessertbesteck liegen oberhalb des Tellers. Reihenfolge: unten kleine Dessertmesser, dann Dessertgabeln mit den Zacken nach unten, oben Dessertlöffel und Käsemesser. Messer und Löffel zeigen mit ihren Köpfen nach links und alles andere nach rechts. Desserts wie die îles flottantes werden erst mit Gabeln, danach mit Löffeln gegessen.

Gläser werden rechts und – à la française – diagonal vom Teller in der Reihenfolge ihrer Größe von links nach rechts aufgestellt, erst das große Wasserglas mit Stiel, dann Rotweinglas, dann Weißweinglas, dann Champagnerschale oder -flûte. Wenn das Wasserglas klein und stiellos ist, heißt es gobelet und steht rechts außen. Kristallgläser sind bei feierlichen Mahlen angebracht, um Glanz auf den Tisch zu bringen und die Getränke darin eleganter aussehen zu lassen. Bunte Gläser für den Wein sind aber unbedingt zu vermeiden, denn Weinkenner wollen sehen, was sie trinken!
Die aus den anglophonen Ländern kommende Tischsitte, kleine Brotteller und Buttermesser zu decken, hat sich auch in Frankreich durchgesetzt. Sie liegen links vom Teller. Dazu gibt es eventuell ein Buttertöpfchen rechts oberhalb des Brottellers.

Salz- und Pfefferstreuer sollten oberhalb des Tellers stehen. Blumenschmuck, Kerzen sowie ein Brotkorb mit etwa vier Zentimeter breiten Brotscheiben werden in der Mitte des Tisches arrangiert.

Stoffservietten werden nie auf den Teller gelegt, sondern liegen links davon.

Tischdecken sollten auf jeder Seite gleich lang sein und eine gefütterte Unterdecke besitzen. Bei länglichen Tischen gibt es eine Bügelfalte längs der Mitte. Die Blumen-Dekoration in der Mitte des Tisches muss von allen Seiten dekorativ wirken und nicht zu hoch gestaltet werden.

La fête de Noël, une fête entre amis

Das Weihnachtsfest, ein Fest unter Freunden

Refrain du chant de Noël –
Refrain des Weihnachtsliedes »À tous!«

A tous, croyant et croyante, Joyeux Noël
Aujourd'hui la foi embellit le Ciel
Arbre doré et chants de Noël
Pains d'épice et pains de miel
A tous les croyants Joyeux Noël,
Aujourd'hui la joie inonde le Ciel!

Wie jede französische Familie warteten wir Rousseaus am Abend vor dem 25. Dezember, der veillée de Noël oder réveillon, auf Père Noël. Unsere ganze Familie samt Groß- und Urgroßeltern saß in der Regel beisammen. Wir sangen immer viele Weihnachts- und Winterlieder und wenn uns die Puste ausging, legten wir die Schallplatte »Noël Français« mit Liedern von Dalida, Eddy Mitchel, Jean Ferrat und Line Renaud auf und summten fröhlich mit. Bis zur Mitternachtsmesse dauerte es lange und wir Kinder wurden stets ungeduldig. Gegen 22.30 Uhr sind mein Bruder und ich dann mit Mamie, unserer Großmutter, hinaus in die Kälte des Weihnachtsabends gegangen und machten, eng in Mantel, Schal und Mütze gehüllt, einen kleinen Spaziergang durch die engen Straßen unseres Viertels, schauten in die Schaufenster der Geschäfte und die beleuchteten Fenster der Nachbarn. Wir überlegten, in welchem Kreis sie wohl Weihnachten verbringen und was sie essen würden. War es danach immer noch nicht Zeit für die Mitternachtsmesse, erzählten wir uns alte, freudige Familiengeschichten. Denn das war der Kern dessen, was wir teilen wollten: Freude, nicht Leid. Kurz vor Mitternacht dann schritten wir fröhlich an den Händen von Mamie die Kirchenstufen hinauf und traten in die mit Kerzen beleuchtete und mit Orgelklängen erfüllte Kirche ein, bereit, die Geburt Jesu zu feiern.

Buffet du réveillon de Noël

Der 24. Dezember

Das kulinarische Angebot am 24. und 25. Dezember oder auch die Reihenfolge gestaltet jede Familie individuell; klar ist nur, dass der 24. bescheidenerer ausfällt.

Meine Eltern, die es mit der Kirche nicht so ernst nahmen wie unsere in einem Kloster katholisch erzogene Mamie und die das weihnachtliche Fest profan ausrichteten, wie viele Familien im eigentlich eher katholischen Frankreich, blieben währenddessen zu Hause. Sie richteten in der Zeit unter anderem das schon angebrochene kalte Buffet aus salzigen und süßen Leckereien neu aus. Bald sollten wir von der Messe zurückkommen, wieder hungrig und vor allem neugierig auf die Gaben, die hoffentlich auf uns warteten.

Den ganzen Abend über wurde bei uns vom Buffet genascht. Es gab neben verschiedenen hors-d'œuvres Feinkostsalate, kalte Fisch- und Fleisch-Vorspeisen, Meeresfrüchte und Käseplatten, burgundisches pain d'épices, diverse Weihnachtsplätzchen und herrliche, selbst gemachte Schokoladentrüffel. Das kulinarische Angebot am 24. und 25. Dezember oder auch die Reihenfolge gestaltet jede Familie individuell; klar ist nur, dass der 24. bescheidenerer ausfällt. Bei uns gab es etwa die Regel, dass süße Desserts erst nach der Mitternachtsmesse gegessen werden durften. Andere servieren zum Beispiel am Heiligen Abend kein Fleisch.

Auf unserem Buffet gab es immer selbst gemachtes pain d'épices, französisches Honigbrot. Wir liebten es und stürzten uns immer schon beim goûter darauf! Das traditionsreiche Haus Mulot et Petitjean stellt das pain d'épice heute noch wie einst im Jahr 1711 her. Mein Vater bereitete es immer nach dessen Rezeptgrundlage zu – mit dunklem Mehl, Honig, Zucker und Gewürzen wie Anis, Zimt, Muskat und Nelken. Wie es duftete! Pain épices passt zu allem, sogar zu Fisch und Fleisch. Sehr lecker schmeckt es zu Käse, serviert mit Feigen oder spät im Jahr gereiften Früchten.

Überall in Frankreich feiert man den réveillon am Abend des 24. Dezember und wartet bei leichtem Essen auf die Mitternachtsmesse. Anschließend isst man zur Stärkung nach der Messe etwa eine warme Suppe, wie eine Maronensuppe oder eine gratinée aux oignons, eine gratinierte Zwiebelsuppe. Am nächsten Morgen werden die Geschenke am Fuße des Kamins »entdeckt«, die Père Noël gebracht hat. Das reichhaltige Essen findet dann am 25. Dezember statt – etliche Vorspeisen, Suppe, Meeresfrüchte und Fisch, gefüllter Truthahn, Gemüse und andere Beilagen, eine Käseplatte und Desserts sind der Beweis dafür, dass wir es hier mit einem repas gras (im Unterschied zum repas maigre – einer leichten Mahlzeit) genannten Festmahl zu tun haben!

Saumon fumé des landes, toast et vinaigrette épaisse aux dattes et gingembre

Geräucherter Lachs aus Les Landes auf geröstetem Toast mit Dattel-Ingwer-Vinaigrette

Tipp:
Wer keine Datteln mag, kann diese Vinaigrette-Variante auch mit frischen Feigen zubereiten.

ZUBEREITUNG

Für die Dattel-Vinaigrette den Orangen- und Zitronenabrieb sowie den Saft mit dem Ahornsirup, dem Ingwer und dem Salz verrühren.

Nach und nach mit einer Gabel oder einem Schneebesen das Öl unterrühren, bis eine cremige Sauce entsteht. Zuletzt die fein gehackten Datteln hinzufügen.

Je eine Scheibe geräucherten Lachs auf eine Scheibe gerösteten Toast legen, etwas Dattel-Vinaigrette daraufträufeln, die Scheiben nach Belieben halbieren und mit Dill dekoriert servieren.

ZUTATEN FÜR 4 PERSONEN

Für die Dattel-Vinaigrette
Abrieb von 1 unbehandelten Orange
Saft von 1 unbehandelten Orange
Abrieb von ½ unbehandelten Zitrone
Saft von 1 unbehandelten Zitrone
1 TL Ahornsirup
1 Stück Ingwer (ca. 1 cm), fein gehackt
Salz
4 EL Olivenöl
100 g frische Datteln, entsteint und fein geschnitten

4 Scheiben Toast, geröstet
4 Scheiben geräucherter Lachs aus Les Landes
¼ Bund Dill, fein gehackt (optional)

Salade champenoise à la vinaigrette chaude de Marc de Champagne

Salat nach Art der Champagne mit warmer Marc-de-Champagne-Vinaigrette

Tipp:
Die Vinaigrette ist die beliebteste Sauce in Frankreich. Sie passt zu Salat und gegartem Gemüse, lässt sich im Voraus zubereiten und hält sich im Kühlschrank 8 bis 10 Tage. Sie kann – wie hier – als Variante mit etwas Tomatenmark oder mit in einem kleinen Topf 10 Minuten lang reduziertem Orangen- oder Pampelmusensaft hergestellt werden.

ZUTATEN FÜR 4 PERSONEN

4 festkochende Kartoffeln,
in kleine Stücke geschnitten
und gar gekocht
4 EL Olivenöl
Salz
frisch gemahlener schwarzer Pfeffer

500 g gemischte Salatblätter
(z. B. Frisée, Chicorée, Löwenzahn und Sauerampfer), gewaschen und in mundgerechte Stücke gezupft
2 Köpfe Endiviensalat, gewaschen und in ca. 1 cm breite Streifen geschnitten
1 Tomate, enthäutet und fein gehackt
2 Schalotten, fein geschnitten
1 Ei, hart gekocht und fein gehackt
150 g Trauben
(je eine Hälfte weiß und schwarz)
1 kleines Glas Marc de Champagne
3 EL weißer Traubenessig

Variante der Sauce Vinaigrette mit Tomatenmark, Orange oder Pampelmuse

Salz
1 EL Essig
1 EL Senf
4 EL Öl
gemischte Kräuter, fein gehackt
frisch gemahlener schwarzer Pfeffer
2 EL Tomatenmark oder
frisch gepresster Saft einer Orangen-Pampelmusenhälfte

ZUBEREITUNG

Die Kartoffelstücke mit 2 EL Öl in der Pfanne anbraten, salzen und pfeffern.

DIe Kartoffeln in eine vorgewärmte Salatschüssel geben.Die Salatblätter und die Endiviensalat-Streifen zusammen mit den Tomaten auf den Kartoffeln verteilen und mit Salz und Pfeffer abschmecken. Die Salatschüssel abdecken, beiseitestellen und etwa 15 Minuten ruhen lassen, damit sich die Wärme der Kartoffeln auf den Salat überträgt. Die Schalotten, das Ei und die Trauben zum Salat geben.

Für die Vinaigrette den Marc de Champagne und den Essig in die noch warme Pfanne geben und erhitzen. Das restliche Öl, Salz und Pfeffer hinzufügen.

Die warme Marc-de-Champagne-Vinaigrette über den Salat gießen und vor dem Servieren gut vermengen.

Soupe aux châtaignes

Festliche Maronensuppe

ZUTATEN FÜR 4 PERSONEN

2 kleine Zwiebeln,
abgezogen und fein gewürfelt
2 EL Olivenöl zum Andünsten
½ Bund frischer Rosmarin
500 g Karotten, gewaschen und
in dünne Scheiben geschnitten
1 ¼ l Gemüsebrühe
3 EL frisch gepresster Orangensaft
400 g Maronen, vorgegart und geschält
Salz
frisch gemahlener schwarzer Pfeffer
Schnittlauch, fein gehackt

ZUBEREITUNG

Die Zwiebeln in einem großen Topf im Olivenöl anschwitzen.

Den Rosmarin und die Karottenscheiben hinzufügen und etwa 10 Minuten weiterdünsten. 4 EL der gedünsteten Karotten aus dem Topf nehmen und beiseitestellen.

Die Gemüsebrühe und den Orangensaft in den Topf geben und aufkochen.

Die Maronen grob hacken. Die Hälfte davon mit den beiseitegestellten Karotten mischen. Die andere Hälfte unter die Suppe ziehen, alles fein pürieren und mit Salz und Pfeffer abschmecken.

Die fertige Suppe in Suppenschalen füllen und die Karotten-Maronen-Mischung darauf verteilen. Mit Schnittlauchröllchen bestreuen und servieren.

Gratinée des Halles Île-de-France pour minuit

Mitternachts-Zwiebelsuppe Pariser Art

Wer gerne mit verschiedenen Käsesorten kocht, der kann für eine typische Zwiebelsuppe mit südlicher Note diese gratinée auch mit im Weißwein oder in der Suppe aufgelösten Roquefort und Tomme anstelle des Gruyères zubereiten.

ZUTATEN FÜR 4 PERSONEN

250 g Zwiebeln, abgezogen und in dünne Ringe geschnitten
60 g Butter, zum Braten
80 g Weizenmehl
1 ½ l heiße Gemüsebrühe
1 Tl getrockneter Oregano
1 Tl getrockneter Thymian
1 Lorbeerblatt
1 Knoblauchzehe, gepresst oder fein gehackt
200 ml trockener Weißwein
Salz
frisch gemahlener schwarzer Pfeffer
6 Scheiben Baguette oder Landbrot, geröstet
50 g dünne Fadennudeln, vorgekocht
100 g Gruyère (alternativ anderer würziger Hartkäse), gerieben

ZUBEREITUNG

Eine Hälfte der Zwiebeln beiseitestellen. Die Butter auf mittlerer Stufe in einem Topf zerlassen und die übrigen Zwiebeln darin anschwitzen, bis sie eine schöne goldgelbe Farbe angenommen haben.

Das Mehl hinzufügen und leicht braun werden lassen. Nach und nach unter Rühren die Brühe angießen und alles 10 Minuten köcheln lassen.

Den Oregano, den Thymian, das Lorbeerblatt sowie die Knoblauchzehe hinzugeben.

Den Backofen auf 250 °C Ober-/Unterhitze (Umluft 230 °C) vorheizen. Den Wein zur Suppe geben, diese weitere 10 Minuten köcheln lassen und mit Salz und Pfeffer abschmecken. Die Suppe durch ein mit einem Mulltuch ausgekleidetes Sieb in einen weiteren Topf oder eine Schüssel passieren.

Die beiseitegestellten Zwiebeln sowie die Brotscheiben auf vier weite, feuerfeste Suppenschalen verteilen und die passierte Suppe darübergießen.

Die Fadennudeln zur Suppe geben, den Gruyère darauf verteilen und die Schalen auf einem Blech im vorgeheizten Backofen auf mittlerer Schiene etwa 7 Minuten überbacken.

Dîner de Noël

Der 25. Dezember

Da in Frankreich Père Noël nach Mitternacht durch den Kamin steigt, um die Geschenke zu bringen, konnten wir Kinder sie erst am nächsten Tag nach dem Aufwachen öffnen. Müde vom Warten und gesättigt vom Buffet gingen wir entsprechend mitten in der Nacht ins Bett. Ich erinnere mich an das kindliche Glück, die Freude und Fröhlichkeit des Vormittages, wenn wir unterm Kamin lauter Geschenke vorfanden!

Während wir Kinder mit den neuen Spielsachen spielten, steckten die Erwachsenen bereits in den Vorbereitungen für das traditionelle dîner de Noël – das wichtigste Essen des Jahres. Es war und ist im Gegensatz zum réveillon, der nur im engsten Familienkreis gefeiert wurde, ein großes Fest mit Familie und Freunden. Bei uns war es immer ein prachtvolles Festmahl, bei dem viele Gänge, exzellente Weine, Champagner und die besten Speisen auf den Tisch kamen, für die zum Teil vorher »gespart« oder vorab eingelagert wurde. So dachte sich mein Vater jedes Mal Tage im Voraus eine besondere Menüfolge aus und freute sich darauf, einen vom örtlichen Förster geschossenen Fasan mit Maronen von den Bäumen bei unserem Landhaus an der Loire zu kochen oder den Rehrücken aufzutischen, den ein befreundeter Jäger vorbeigebracht hatte. Wenn der benachbarte Bauer eine Entenbrust für uns hatte, dann gab es diese. Das alles waren eher Zufallszutaten, die allerdings gerne dankend angenommen und zu einem leckeren Weihnachtsmahl zubereitet wurden. Dass es uns an diesen Tagen richtig gut ging, wollten wir immer mit anderen teilen und luden für gewöhnlich alleinstehende Nachbarn zu uns ein oder deckten jedes Mal ein zusätzliches Gedeck für – bei uns recht häufig vorkommenden – überraschenden Besuch. Gastfreundschaft wurde bei uns großgeschrieben!

Weihnachten in acht Gängen

EIN TRADITIONELLES WEIHNACHTSMENÜ ENTHÄLT ÜBLICHERWEISE DIE FOLGENDEN ACHT GÄNGE:

Apéritif ou champagne avec petits fours
Aperitif oder Champagner mit begleitenden salzigen petits fours

***

Soupe ou velouté – Suppe

***

Huitres, escargots ou foie gras
Austern, Schnecken oder Gänseleberpastete

***

Saumon fumé, coquilles Saint-Jacques
Geräucherter Lachs oder Jakobsmuscheln

***

Dinde aux marrons – Truthahn mit Maronen

***

Plateau de fromages et salade
Käseplatte und Salat

***

Bûche de Noël – Weihnachtstorte

***

Chocolats, cafés et tisanes
Schokoladentrüffel, Kaffee und Kräutertees

Unser Noël – Weihnachtsmenü à la Rousseau

VORSPEISE

Saumon fumé des Landes, toast et vinaigrette épaisse aux dates et gingembre
Geräucherter Lachs aus Les Landes auf geröstetem Toast und Dattel-Ingwer-Vinaigrette

***

Salade champenoise à la vinaigrette chaude de Marc de Champagne
Salat nach Art der Champagne mit warmer Marc-de-Champagne-Vinaigrette (vegetarisch)

HAUPTGANG

Dinde aux marrons et raisins
Truthahn mit Esskastanien und Weintrauben
dazu Maronenpüree
oder
Dos de biche au vin rouge
Rehrücken in Rotwein
dazu herzhafte Kartoffelkrapfen mit Kräutern
oder
Tarte Tatin de carottes à la crème fraîche et baies roses
Tarte Tatin mit jungen Karotten mit Crème fraîche und rosa Pfeffer (vegetarisch)
oder
Soufflé au comté
Raffiniertes Käsesoufflé mit Comté" (vegetarisch)

ZWISCHENGANG

Ein trou normand granité au miel
Honig-Eissplitter

***

Käseplatte: Langre frotté au mars de Bourgogne,
Brillat-Savarin truffé aux feuilles d'or
Délice truffé und ein Tomme-brebis-chèvre aus dem Pays basque,
Roquefort, ein oder zwei Ziegenkäse

***

dazu *Brioche parisienne aux truffes et au parmesan*
Pariser Brioche mit Trüffel- und Parmesanraspel
oder
Petits pains de Noël des vignerons
Weihnachts-Oliven-Speck-Brötchen

DESSERT

Bûche de Noël tout chocolat – Schokoladen-Weihnachtstorte

***

Chocolats, cafés et tisanes – Schokoladentrüffel, Kaffee und Kräutertees
Truffes au chocolat noir de ma chère tante Charlotte
Dunkle Schokoladentrüffel meiner Tante Charlotte
Galettes de Noël aux amandes – Weihnachts-Mandelplätzchen
Pain d'épices traditionnel – Traditioneller Honigkuchen
Pâtes de fruits – Geleefruchtwürfel

MITTERNACHTSSUPPE

Soupe aux châtaignes – Festliche Kastaniensuppe
oder
Gratinée des Halles Île-de-France pour minuit
Mitternachts-Zwiebelsuppe Pariser Art

Dinde aux marrons et raisins

Truthahn mit Maronen und Weintrauben

ZUBEREITUNG

Den Backofen auf 180 °C Ober-/Unterhitze vorheizen. Den Speck, die Maronen, den Trüffel und die Trauben vermengen. Das Innere des Truthahns damit befüllen und die Öffnung mit Holzspießen verschließen.

Die Butter auf mittlerer Stufe in einem Schmortopf zerlassen. Den Truthahn darin von allen Seiten goldgelb anbraten. Im Anschluss mit Mehl bestäuben und mit Madeira ablöschen. Mit Salz, Pfeffer und Muskatnuss abschmecken und das Bouquet garni in einem sehr großen Topf ohne Deckel oder direkt auf der Backofenplatte platzieren.

Den Truthahn im Topf ohne Deckel 2 ½ bis 3 ½ Stunden im vorgeheizten Backofen garen und dabei immer wieder mit Brühe übergießen. Die Temperatur gegebenenfalls reduzieren, sollte der Truthahn zu rasch zu stark bräunen. Anschließend den Truthahn aus dem Topf nehmen und auf einer vorgewärmten Platte anrichten.

Den Bratensaft in einem weiteren Topf auffangen und das Fett abschöpfen. Mit Salz, Pfeffer und Muskatnuss abschmecken und zum Truthahn servieren. Dazu passt Maronenpüree.

ZUTATEN FÜR 8–10 PORTIONEN

125 g Speck, gewürfelt
400 g Maronen, gekocht, geschält und grob gehackt
½ Knolle schwarzer Trüffel, gehobelt
300 g kernlose blaue Weintrauben
1 Truthahn, küchenfertig (6–8 kg)
120 g Butter
40 g Weizenmehl
330 ml Madeira (alternativ weißer Portwein)
Salz
frisch gemahlener schwarzer Pfeffer
1 Msp. frisch gemahlene Muskatnuss
1 Bouquet garni (Kräutersträußchen)
1 ½ l Gemüse- oder Hühnerbrühe

Purée de marrons

Maronenpüree

ZUTATEN

1 kg kleine Maronen
250 g Zwiebeln,
abgezogen und fein gewürfelt
100 g Butter
Salz
frisch gemahlener schwarzer Pfeffer
1 l Gemüsebrühe

ZUBEREITUNG

Die Maronen leicht einritzen, mit kochendem Wasser überbrühen und 5 Minuten stehen lassen.

Das Wasser abgießen, die Maronen etwas abkühlen lassen, dann die Schalen und Innenhäute entfernen.

Die Zwiebeln in einem Topf auf mittlerer Stufe in 50 g Butter glasig anschwitzen, die Maronen zufügen und mit Salz und Pfeffer abschmecken.

Mit der Hälfte der Brühe ablöschen und die Maronen 30–35 Minuten auf mittlerer Stufe kochen lassen, bis sie gar sind. Die Maronen pürieren und dabei nach und nach die restliche Brühe unterrühren.

Zum Schluss die restliche Butter unterrühren und das Püree abschmecken.

Süße Variante: Man kann das Maronenpüree auch süß zubereiten. So schmeckt es vor allem Kindern gut. Dafür die geschälten Maronen in ¾ l Milch mit 1 TL Zucker und 1 Prise Salz etwa 30 Minuten weich kochen. Anschließend pürieren, mit etwas mehr Milch begießen und Butter hinzufügen.

Dos de biche au vin rouge

Rehrücken in Rotwein

Weinempfehlung von Michel Rousseau:
Besonders gut passt ein Rotwein aus Bordeaux (z. B. ein Lalande de Pomerol), aus der Bourgogne (z. B. ein Côtes-de-Beaune) oder aus dem Rhônetal (z. B. ein Crozes-Hermitage) zum Rehrücken.

ZUBEREITUNG

Das Fleisch in eine große Schüssel geben, mit Salz und Pfeffer einreiben und vollständig mit Rotwein bedecken.

Die Zwiebeln, den Knoblauch, die Karotten und die Lorbeerblätter dazugeben und den Rehrücken 24 Stunden marinieren. Anschließend das Fleisch aus der Schüssel nehmen und trockentupfen.

Die Butter auf mittlerer Stufe in einem Schmortopf zerlassen und das Fleisch von allen Seiten darin goldgelb anbraten.

Die Hälfte der Marinade zufügen, alles bei aufgesetztem Deckel etwa 90 Minuten köcheln lassen und mit Salz und Pfeffer abschmecken.

Den Rehrücken mit Salzkartoffeln oder auch mit Kräuter-Kartoffelkrapfen (siehe Rezept auf nebenstehender Seite) servieren.

ZUTATEN

800 g Rehrücken
2–3 l Rotwein
Salz
frisch gemahlener schwarzer Pfeffer
4 Zwiebeln, abgezogen und halbiert
3 Knoblauchzehen, abgezogen und halbiert
6 Karotten, in dicke Scheiben geschnitten
4 Lorbeerblätter
Butter zum Anbraten

Beignets de pomme de terre aux fines herbes

Herzhafte Kartoffelkrapfen mit Kräutern

ZUBEREITUNG

Die Kartoffelraspel in ein Geschirrtuch geben und kräftig auspressen, sodass möglichst viel Kartoffelwasser austritt. Die Eier in eine Schüssel aufschlagen und die Kartoffelraspel sowie Kräuter hinzufügen. Mit Salz und Pfeffer abschmecken.

In einen Topf reichlich neutrales Öl geben und auf mittlerer Stufe erhitzen. Mit einem Esslöffel Nocken aus der Kartoffelmasse formen und in das heiße Öl geben. Die Kartoffelkrapfen von allen Seiten etwa 3 Minuten goldgelb frittieren, mit einem Schaumlöffel aus dem Topf nehmen und vor dem Servieren auf etwas Küchenkrepp abtropfen lassen.

ZUTATEN
FÜR 4 PERSONEN

1 kg festkochende Kartoffeln, geschält und geraspelt
5 Eier
Kräuter nach Belieben, fein gehackt
Salz
frisch gemahlener schwarzer Pfeffer
reichlich neutrales Öl zum Frittieren

TOME DES BAUGES
AOP
ST-FELICIEN BIO

Soufflé au comté

Raffiniertes Käsesoufflé mit Comté

Tipp:
Das Soufflé eignet sich perfekt als vegetarische Alternative zu einem festlichen Hauptgang und kann auch als »Picard« mit Lauch zubereitet werden. Dieses aus der Picardie stammende Rezept mit fromage blanc, Frischkäse, gelingt garantiert, wenn man während der gesamten Backzeit den Backofen geschlossen hält. Ein pikant gewürzter winterlicher Feldsalat, der mit Cranberrys und einer Champagner-Vinaigrette eine festliche Note bekommt, eignet sich hervorragend als Beilage.

ZUBEREITUNG

Den Backofen auf 180 °C Umluft vorheizen. Für die Béchamelsauce die Butter auf mittlerer Stufe in einem Topf zerlassen. Das Mehl hinzufügen und in der Butter anschwitzen. Nach und nach die Milch einrühren und zum Kochen bringen.

Die Béchamelsauce unter Rühren etwa 5 Minuten köcheln lassen. Den Comté hinzugeben und die Masse erkalten lassen.

Die Eier trennen und das Eigelb in die Béchamelmasse einrühren. Das Eiweiß zu Eischnee steif schlagen, vorsichtig unterheben und mit Salz und Pfeffer abschmecken.

Alles in eine hohe, gebutterte Auflaufform füllen und auf mittlerer Schiene im vorgeheizten Backofen 45 Minuten backen. Das Soufflé aus dem Backofen nehmen und sofort servieren. Dazu passt sehr gut ein grüner Salat.

ZUTATEN

100 g Butter
100 g Weizenmehl
500 ml Vollmilch
125 g Comté (alternativ anderer würziger Hartkäse), gerieben
5 Eier
Salz
frisch gemahlener schwarzer Pfeffer

Tarte Tatin festive de carottes à la crème fraîche et baies roses

Festliche Tarte Tatin mit jungen Karotten an Crème fraîche und rosa Pfeffer

ZUBEREITUNG

Für den Teig das Mehl auf eine Arbeitsfläche geben und eine Mulde in die Mitte drücken. Das Öl, das Salz, die Butter, das Eigelb und den geriebenen Käse in die Mulde geben und alles zu einem glatten Teig verkneten. Diesen dabei immer wieder mit etwas Wasser befeuchten und schließlich zu einer Kugel formen.

Den Teig in Folie wickeln und mindestens 2 Stunden im Kühlschrank ruhen lassen.

Den Backofen auf 210 °C Ober-/Unterhitze vorheizen. Für die Karottenfüllung in einer Pfanne 30 g Butter zerlassen. Die Karottenstifte und die Schalotten darin 10 Minuten schwenken und mit Salz, Pfeffer und Muskatnuss abschmecken.

Die Hälfte der Crème fraîche und die Schnittlauchröllchen hinzugeben und vermengen.

Die Karottenstifte kranzförmig in eine feuerfeste, eingefettete Tarteform legen.

Den Teig aus der Folie wickeln, ausrollen und auf den Karotten in der Form ausbreiten. Die Teigplatte am Rand mit den Fingern festdrücken und die Tarte auf mittlerer Schiene im vorgeheizten Backofen etwa 25 Minuten backen. Anschließend aus dem Backofen nehmen und sofort auf eine Platte stürzen.

Die baies roses in die restliche Crème fraîche einrühren und die Tarte Tatin lauwarm damit servieren.

Dazu passt ein Feldsalat mit einer Orangenvinaigrette und fein gewürfelten roten Zwiebeln.

ZUTATEN

Für den Teig
250 g Weizenmehl
1 EL Pflanzenöl
Salz
125 g Butter
1 Eigelb
50 g Emmentaler, gerieben

Für die Karotten
50 g Butter, in kleine Stücke geschnitten
800 g junge Karotten, in 8 cm lange und 1 cm breite Stifte geschnitten
1 Schalotte, abgezogen und fein gewürfelt
Salz
frisch gemahlener schwarzer Pfeffer
1 Msp. frisch gemahlene Muskatnuss
4 EL Crème fraîche
1 TL Schnittlauchröllchen
2 EL baies roses (rosa Pfefferkörner)

Trou normand granité au miel

Honig-Eissplitter

Ein trou normand ist das aus der Normandie stammende Ritual, ein Gläschen starken Alkohols (z. B. Calvados) zwischen den Gängen zu servieren. Um einen Erfrischungseffekt zu erreichen, kann man diesen Zwischengang etwas abwandeln und als granité, also als Gefrorenes, ähnlich einem Sorbet, zubereiten. Ganz edel wird es mit Champagner, es funktioniert wunderbar aber auch nur mit Wasser.

ZUBEREITUNG

In einer großen Schüssel den Champagner und den Honig vermischen und für 90 Minuten einfrieren. Die Schüssel aus dem Tiefkühlfach nehmen und die Champagner-Honig-Mischung mit einer Gabel gut verrühren.

Nach weiteren 90 Minuten die Mischung erneut verrühren und diesen Vorgang so lange wiederholen, bis die Masse eine sorbethafte Konsistenz erreicht hat.

In einer beschichteten Pfanne die Mandeln auf mittlerer Stufe ohne Zugabe von Fett unter Rühren 5–10 Minuten rösten und anschließend klein hacken.

Die Honig-Granita kurz vor dem Servieren mit den gehackten Mandeln bestreuen.

Als Alternative zu den Mandeln kann man auch Limonenzesten auf die Granita geben. Diese Variante sieht hübsch aus und schmeckt äußerst erfrischend.

ZUTATEN FÜR 1 LITER

750 ml Champagner
(alternativ ein anderes alkoholhaltiges festliches Getränk oder Wasser)
250 g Honig aus der Provence
75 g geschälte ganze Mandeln

Pain, vin et fromages

Die Heilige Dreifaltigkeit

Es heißt, in Frankreich gebe es so viele Käsesorten, wie das Jahr Tage hat. Mein Vater sagte immer: »Stell dir einfach vor, du würdest Tag für Tag einen anderen Käse essen!« Selbst ihn, der eine Leidenschaft für Käse hatte, konnte die riesige Vielfalt an Kuh-, Ziegen- und Schafskäse immer wieder überraschen. »Du wirst doch diesen Käse nicht allein lassen wollen!«, hieß es beim Einkaufen regelmäßig.

Käse kaufen wir – wie alle Franzosen – auch im Supermarkt, aber am liebsten natürlich in einer fromagerie. Viele dieser Käsespezialitäten-Läden bieten übrigens mehr als 365 Käsesorten – einige wohl an die tausend. Manche sind spezialisiert auf eine bestimmte Region Frankreichs, andere haben eigene Kellergewölbe, in denen ihre Schätze in Ruhe reifen können, und wieder andere sind über 100 Jahre alt. Und so manch ein Käse wurde, was kaum bekannt ist, nach einem berühmten Käsehändler benannt. Die Beziehung, die wir Franzosen zu unserem Käse haben, ist eine ganz besondere. Fast eine Liebesbeziehung. So öffnen wir, um die Reife des Camemberts mit dem Daumen zu ertasten, die Spanschachtel gleich im Supermarkt.

In den fromageries wird, wie in jedem Spezialitätengeschäft, viel Wert auf Beratung gelegt. Beim Käse ist der Geschmack zwar ausschlaggebend, wichtig ist aber auch die passende Zusammenstellung der verschiedenen Sorten. Letztere übernehmen, besonders für Festessen wie Weihnachten, ebenfalls die fromageries.

Sogar das Käseschneiden ist bei uns in Frankreich eine Wissenschaft für sich! Wie manch ein Nichtfranzose den Käse schneidet, lässt den Franzosen die Haare buchstäblich zu Berge stehen! Dabei sind die Grundregeln beim Käseschneiden recht einfach: Zum einen lässt man für die anderen am Tisch von jedem Käse etwas übrig und zum anderen schneidet man die Stücke immer, ganz gleich, ob es sich um runde oder eckige Käse handelt, von der Rinde zum Herzen. So trocknet der Rand nicht so schnell aus.

In Frankreich wird Käse als eigener Gang serviert, als der vierte von fünf Gängen, die üblicherweise eine Mahlzeit ausmachen: Suppe, Vorspeise, Hauptspeise, Käse, Dessert. Also muss auch immer Käse im Haus sein. Wie in jedem französischen Haushalt sind bei uns stets mindestens drei Käsesorten vorrätig, meist ein milder Camembert oder Brie, ein älterer Comté und ein würziger Munster oder, vor allem, solange wir Kinder noch klein waren, ein Butterkäse.

Zu Weihnachten, wenn Gäste erwartet werden, gibt es sechs bis acht Sorten, also zusätzlich zumindest noch einen Schimmelkäse, zum Beispiel einen Roquefort, sowie einen oder zwei Ziegenkäse – gern einen der in Asche gewendeten, von denen es 100 Sorten aus jeder Region gibt. Apropos Ziegenkäse: Der Strohhalm, der der Länge nach mitten durch den Ziegenkäselaib gesteckt wird, ist keineswegs als Zierde gedacht, sondern hält den Käse zusammen, wenn er nach und nach verbraucht wird. Die kleinen runden Crottins schmecken, wenn sie jung und streichzart sind, wunderbar zu knusprigem Baguette oder, in Streifen geschnitten und im Backofen erwärmt, zu würzigem Salat. So ein gebackener Käse wird garantiert jeden bekehren, der bisher über Ziegenmilch oder -käse die Nase gerümpft hat.

Meine Großmutter predigte immer, dass das Wichtigste beim Käse sei, dass er Luft bekomme. Also nehmen wir ihn immer einige Zeit vor dem Servieren aus dem Kühlschrank und lassen ihn bei Zimmertemperatur unbedeckt stehen, damit er sich »aufwärmt«. Das gilt besonders für Camembert, dem man dafür am besten eine volle Stunde Zeit gibt. Nur so kann der Käse sein volles Aroma entfalten. Deshalb steht bei uns die Käseplatte immer eine ganze Weile vor dem Essen oben auf dem Kühlschrank. Und damit Katze Mickey sich nicht bedient, unter einer großen alten Glasglocke. Wenn man meinem Vater nach einer kleinen Pause im Anschluss an die Hauptspeise guten Käse servierte, dazu frisches Baguette und ein Glas Bordeaux, leuchteten seine Augen. Er rieb sich die Hände und begrüßte den frisch angerichteten Käseteller mit einem »Aahh!«. Und in der Tat ist der Käse das große Finale jeder französischen Mahlzeit – der Käse oder besser die Heilige Dreifaltigkeit von pain, vin et fromages.

Lait de Vache
TOMME SUISSE
AUX 8 FLEURS
Fromage au Lait Cru. 33%de MG
39,80€ le kg

Eine weihnachtliche Käseauswahl

In der Fromagerie du Louvre, 54 rue de l'Arbre Sec im 1. Arrondissement, habe ich mit dem Inhaber Charlie Voisin-Chauvet die Zusammenstellung, l'assemblement, der Käseplatte durchgesprochen. Meine plateau à fromages wird dieses Jahr zu Weihnachten »Charlie-fantastisch« und ein bisschen edel!

Charlies Empfehlung beinhaltet vier Käse: Langre frotté au mars de Bourgogne, seine création maison, einen Brillat-Savarin truffé aux feuilles d'or (seine Trüffel stammen aus dem Périgord), Délice truffé und einen Tomme-brebis-chèvre aus dem Pays basque. Er meinte, dass ich nach Belieben noch zwei bis drei Sorten hinzufügen kann – einen Roquefort, einen oder zwei Ziegenkäse.

Man achte auf die besondere Bezeichnung maître fromager affineur, die für einen Experten in Sachen Käseveredelung und -verfeinerung steht. Vergeben wird diese Auszeichnung durch die Bruderschaft Saint-Uguzon aus dem Périgord; Saint Uguzon ist der Schutzheilige der Käsemacher.

Der Weihnachtstisch festlich gedeckt, Vor- und Hauptspeisen im Kreise der Familie und Freunde genossen, die Käseplatte – begleitet von »Ooooohs« und »Aaaaahs« – hat die Runde gemacht und die Unterhaltung angeregt, und nun nähert sich der Menüablauf dem süßen Dessert-Ende zu. Es bleiben noch etliche Ecken der sorgsam ausgewählten Käse übrig. Aus ihnen lässt sich zum Glück später etwas Leckeres zubereiten, zum Beispiel ein Gratin de Roquefort aux poires (siehe Rezept auf Seite 148).

BESONDERE KÄSELÄDEN IN PARIS

In jedem Pariser Quartier findet man besondere Käseläden.

Dies sind meine Empfehlungen

La Ferme Saint-Aubin, 76 rue Saint-Louis en l'Île im 4. Arrondissement

La Fermette, 86 rue Montorgeuil im 2. Arrondissement

Fromagerie Roland Rousselet Affineur, 105 rue Mouffetard im 5. Arrondissement

Fromagerie Nicole Barthélémy, 51 rue de Grenelle im 7. Arrondissement

Fromagerie Aléosse, 13 rue Poncelet im 17. Arrondissement

Fromagerie Hardouin-Langlet, Le Marché Couvert Beauvau im 12. Arrondissement

In meinem Geburtsort Saint-Germain-en-Laye im Westen von Paris empfehle ich die Fromagerie Fouché, 16 rue Poissy.

Gratin de Roquefort aux poires

Roquefort-Gratin mit Birnen

ZUBEREITUNG

Den Backofen auf 230 °C Grad Ober-/Unterhitze (Umluft: 210 °C) vorheizen.

Den Roquefort mit einer Gabel zerkleinern. Die Sahne, den Cognac, den Pineau, das Ei, den Pfeffer und den Muskat hinzufügen und gut vermischen.

Die Roquefort-Ei-Mischung auf vier kleine ofenfeste Schalen verteilen, die Birnenlamellen darauf verteilen und leicht eindrücken.

Im vorgeheizten Backofen auf mittlerer Schiene etwa 10 Minuten backen. Dabei auf die Bräunung der Gratins achten, da die Sahne-Ei-Mischung leicht zu dunkel wird. Aus dem Backofen nehmen und heiß servieren.

Tipp: Dieses Gericht kommt aus der ursprünglichen Heimat meiner Familie, der Charente, wo zuletzt noch meine Urgroßeltern wohnten, ehe die nächste Generation nach Paris übersiedelte. In der Charente wird viel mit Pineau und Cognac gekocht. Die kleinen Gratins de Roquefort aux poires werden dort als Vorspeise gereicht.

ZUTATEN FÜR 4 OFENFESTE KLEINE SCHALEN

125 g Roquefort
6 EL Sahne
1 EL Cognac
50 ml Pineau blanc (alternativ süßlicher französischer Weißwein, z. B. ein Gewürztraminer aus dem Elsass)
1 Ei
1 Prise frisch gemahlener Pfeffer
1 Msp. frisch gemahlene Muskatnuss
2 reife Birnen, geschält, halbiert und in feine Lamellen geschnitten

Auf den Trüffel gekommen?

Nicht alle sind Trüffel-Liebhaber. Sollte einem der Käse Délice Truffé des fromager du Louvre Charlie gefallen haben, ist man vielleicht auf den Trüffel-Geschmack gekommen.

TRÜFFEL-INSTITUTIONEN

In folgenden Pariser Trüffel-Institutionen können Trüffel erworben oder direkt dort gegessen werden:

Maison de la Truffe, 19 place de la Madeleine im 8. Arrondissement

Maison Balme, 64 boulevard Haussmann im 9. Arrondissement

Truffes Folies, 37 rue Malar im 7. Arrondissement

Maison Balme, 64 boulevard Haussmann im 9. Arrondissement

Poularde de Bresse truffée au purée de marrons

Saftige Bresse-Poularde mit schwarzen Trüffeln an Maronenpüree

Weinempfehlung von Michel Rousseau:
Weißwein aus der Bourgogne (z. B. Chevalier Montrachet), Arbois blanc aus dem Jura, Beaujolais (z. B. Juliénas) oder ein Côtes-du-Rhône rouge

ZUBEREITUNG

Das Huhn sorgfältig ausnehmen, die Leber und das Fett beiseitestellen. Das Huhn waschen, das Innere trockentupfen und mit Salz einreiben.

Die Trüffel nicht waschen, sondern vorsichtig abbürsten und drei davon beiseitelegen. Die restlichen Trüffel in 0,5 cm große Würfel schneiden.

Die Hühnerleber zusammen mit den drei beiseitegelegten Trüffeln fein hacken und beides im ebenfalls beiseitegelegten Hühnerfett auf mittlerer Stufe anbraten. Den Champagner hinzufügen und mit Salz und Pfeffer abschmecken.

Das Huhn mit der Masse füllen, in ein Geschirrtuch wickeln und etwa 1 Stunde ruhen lassen, bis das Fleisch das Aroma der Trüffel angenommen hat.

Die Rinderbrühe und den Weißwein in einen Römertopf oder wahlweise einen Bräter gießen. Einen metallenen Dreifuß in den Topf stellen und das Huhn darauf platzieren; so kommt es nicht mit der Flüssigkeit in Berührung. Die Poularde de Bresse 90 Minuten bei aufgesetztem Deckel köcheln lassen.

Mein Rezept für Maronenpüree finden Sie auf Seite 135.

ZUTATEN FÜR 4 OFENFESTE KLEINE SCHALEN

1 Bresse-Huhn
200–300 g schwarze Trüffel mit dünner Haut
100 ml Champagne fine
Salz
frisch gemahlener schwarzer Pfeffer
1,2 l Rinderbrühe
400 ml trockener Weißwein

Le meilleur pain est
celui de la maison.

Selbst gebackenes Brot
schmeckt am besten.

Petits pains de Noël des vignerons

Weihnachtliche Oliven-Speck-Brötchen

ZUTATEN FÜR 12 STÜCK (6 PORTIONEN)

1 TL Butter
100 g Speck, gewürfelt
100 g Hefe
350 ml Rotwein, mit etwas Zimt verfeinert
600 g Mehl
½ TL Salz
2 EL Olivenöl

ZUBEREITUNG

Die Butter in einer Pfanne zerlassen, den Speck darin anbraten, auf etwas Küchenkrepp abtropfen lassen und beiseitestellen.

Den Rotwein mit einer Prise Zimt in eine Schüssel geben und die Hefe darin unter Rühren mit einem Schneebesen auflösen.

Das Mehl in eine weitere Schüssel geben und in die Mitte eine Mulde drücken. Hefe und Wein hineingeben, alles vermengen und etwa 10 Minuten zu einem elastischen Teig verkneten. Das Salz und das Öl sowie die Speckwürfel hinzufügen und weitere 5 Minuten kneten.

Den Teig zu einer Kugel formen und in eine bemehlte Schüssel geben. Abgedeckt mit einem Tuch etwa 45 Minuten bei Zimmertemperatur gehen lassen.

Den aufgegangenen Teig in zwölf Stücke teilen und diese zu Brötchen von etwa 12 cm Länge formen. Die Brötchen auf ein mit Backpapier belegtes Backblech legen, erneut mit einem Tuch abdecken und weitere 45 Minuten gehen lassen.

Den Backofen auf 220 °C (Umluft: 200 °C) vorheizen.

Die Brötchen mit einem scharfen Messer längs einschneiden und auf mittlerer Schiene im vorgeheizten Backofen 12–15 Minuten backen. Aus dem Ofen nehmen und auf einem Kuchengitter abkühlen lassen.

Baguette

ZUTATEN FÜR 8 KLEINE BAGUETTES

25 g Hefe
6–8 g Salz
1 TL Zucker
1 EL Rapsöl
600–650 g Weizenmehl Type 550

ZUBEREITUNG

500 ml Wasser auf Körpertemperatur erhitzen (etwa 37 °C). Ein wenig davon in eine Schüssel geben und die Hefe darin auflösen. Das restliche Wasser, das Salz, den Zucker und das Öl hinzufügen.

Nach und nach das Mehl hinzugeben, dabei ein wenig zum Kneten und Formen beiseitestellen. Mit dem Knethaken eines elektrischen Rührgerätes in etwa 5 Minuten oder mit den Händen in etwa 10 Minuten zu einem elastischen Teig verkneten. Diesen auf eine leicht bemehlte Arbeitsplatte geben und in acht gleich große Teile schneiden. Die Teigstücke mit bemehlten Händen zu länglichen Baguettes formen. Mit etwas Mehl bestauben und mit einem scharfen Messer auf der Oberseite für das typische Baguette-Muster leicht einritzen.

Auf zwei mit Backpapier belegte Bleche legen und die Teigstränge etwa 15 Minuten gehen lassen.

Die Baguettes auf mittlerer Schiene im Backofen 10 Minuten goldgelb und knusprig backen. Dazu nach etwa 1 Minute der Backzeit 100 ml Wasser auf das leere Blech ganz unten im Backofen gießen.

Die Baguettes aus dem Ofen nehmen und auf einem Kuchengitter abkühlen lassen.

Tipp für eine Baguette-Variante mit Kräutern
Einfach dem Teig eine Handvoll gehackte Kräuter (z. B. Basilikum oder Schnittlauch) beimischen. Diese feinen Kräuterbaguettes gibt es so nicht zu kaufen!

Tipp für eine Baguette-Variante mit feinwürzigem Käse
Dem Teig etwa 100–150 g feinwürzigen geriebenen Käse hinzufügen und dafür die Wassermenge um etwa 150 ml sowie die Mehlmenge um etwa 100 g reduzieren und den Teig statt in acht nun in 16 Stücke aufteilen. Die Baguette-Käsestangen eignen sich ideal zum Knabbern bei einem Drink vor dem Essen oder auch als Beilage zu einem Eintopf.

Brioche parisienne aux truffes et au parmesan

Pariser Brioche mit Trüffel- und Parmesanspänen

ZUTATEN FÜR EINE BRIOCHEFORM (CA. 24 CM Ø)

5 g frische Hefe
2 EL Puderzucker
250 g Weizenmehl Type 405
1 TL Salz
3 Eier plus 1 Eigelb zum Bepinseln
150 g Butter, zimmerwarm,
plus etwas mehr für die Form
1 EL Olivenöl
½ Trüffel
50 g Parmesan, gerieben

ZUBEREITUNG

Die Hefe in etwas Wasser in einer Schüssel auflösen. Den Puderzucker und etwas Mehl hinzufügen und 30 Minuten gehen lassen.

Das restliche Mehl und das Salz zur Hefemischung geben und verkneten.

Nacheinander die Eier hinzugeben. Die Butter in Flöckchen und den Parmesan nach und nach untermengen und den Teig so lange kneten, bis er sich von der Schüssel löst. Die Schüssel abdecken und an einem warmen Ort 1 Stunde gehen lassen, bis der Teig sein Volumen verdoppelt hat. Den Teig nochmals gründlich durchkneten und eine Kugel von etwa 400 g und eine Kugel von etwa 100 g daraus formen.

Den Backofen auf 200 °C Ober-/Unterhitze (Umluft: 180 °C) vorheizen.

Die große Teigkugel in die gebutterte Form legen und die kleine obenauf setzen. Mit etwas Eigelb bepinseln und noch einmal 30 Minuten gehen lassen. Die Brioche auf mittlerer Schiene 10 Minuten im vorgeheizten Backofen backen.

Die Temperatur auf 180 °C Ober-/Unterhitze (Umluft: 160 °C) reduzieren und die Brioche weitere 20 Minuten backen. Nach 10 Minuten mit dem restlichen Eigelb bepinseln.

Die Brioche aus dem Backofen nehmen und auf einem Kuchengitter leicht abkühlen lassen. Noch lauwarm aus der Form stürzen, in Scheiben schneiden und toasten. Olivenöl auf den getoasteten Briochescheiben verteilen, Trüffel sowie Parmesan darüberraspeln und servieren.

Eine Auswahl passender Weine & Champagner

WEINE

Ein Gläschen Wein zu genießen, gehört in Frankreich zum Alltag und natürlich auch zu festlichen Gelegenheiten wie Weihnachten.

Mittags im Bistro in Paris nicht nur einen café crème, sondern auch einen Aperitif oder ein gutes Gläschen Wein zu bestellen, ist ganz normal. Abends aber, wenn man ein wirklich gutes Tröpfchen genießen will, trifft man sich in den bistros à vins. Diese Weinbistros unterscheiden sich im Aussehen kaum von Cafés, der große Unterschied liegt in der Qualität der Weine, die dort angeboten werden. Im Café sind es meist durchschnittliche Alltagsweine, die man einfach als un ballon rouge oder un p'tit blanc (ein Glas Roten oder Weißen) bestellt, ohne die Herkunft zu benennen.

Bistros à vins hingegen servieren exzellente Weine, oft Dutzende aus einer einzigen Region und in jedem Fall aus allen bekannten Weingegenden Frankreichs, also Bordeaux, Burgund, Champagne, Elsass, Loire, Rhône, Languedoc-Roussillon, Provence und Korsika. Gerade in Paris gibt es bistros à vins, die auch Weine aus der Pariser Umgebung und aus Paris selbst (Clos de Montmartre, Belleville, Parc Georges-Brassens, Butte Bergeyre) auf ihrer Weinkarte führen. Am linken Seine-Ufer, im Quartier Latin im 5. und 6. Arrondissement, gibt es ganz einfache Lokale, in denen nur Wein und höchstens ein bisschen Käse oder Schinken angeboten werden.

Ein Kenner der Materie und großer Weinliebhaber ist Michel Rousseau, der Cousin meines Vaters. Irgendwann in seinem Leben war die Liebe zum Wein so groß geworden, dass er seinen eigentlichen Beruf aufgab. Seitdem bereist er als Weinhändler Frankreich, kennt die besten bekannten wie unbekannten Weinanbaugebiete und besitzt in Tours am schönen Loire-Ufer einen grottenähnlichen Weinkeller. Er hat stets die besten Wein- und Champagner-Empfehlungen für mich.

Fünf Winzer-Empfehlungen für Rot- wie Weißwein zu Weihnachten
Beaujolais: Domaine Louis Claude Desvignes
Bordeaux: Château Beauregard Pomerol
Bourgogne: Domaine Bouzerau
Loire: Domaine Grange Saint-Sauveur
Rhône: Domaine Gour de Chaulé

CHAMPAGNER

Wie sucht man den Champagner aus, der einem schmeckt und zu einem passt? Am besten direkt bei den Winzern probieren, meint Michel! Doch innerhalb der Region, die zur Appellation Champagne AOC gehört, gibt es rund 250 Handelshäuser, etwa 40 Coopératives (Winzergemeinschaften bzw. -genossenschaften) und mehr als 15 000 selbstständige Winzerbetriebe. Die Auswahl fällt also auch vor Ort schwer. In Paris kann man Champagner in Weinläden testen. Es gibt cavistes, Weinhändler, in jedem Pariser Viertel und natürlich rund um Märkte oder in der Nähe von fromageries.

MEINE CHAMPAGNER-EMPFEHLUNG ZU WEIHNACHTEN

Der Champagner der Marke Gosset ist eine der ältesten Marken. Der Gosset Grand Rosé Brut ist mein Favorit. Das Weingut aus Aÿ hat seine Ursprünge im Jahr 1584. Seine Cuvée besteht zu 58 % aus Chardonnay. Sollte dieser nicht verfügbar sein, dann wäre auch der Champagner des Hauses Delamotte zu empfehlen. Ich liebe die edle Chardonnay-Traube! Aber Wein- sowie Champagner-Geschmäcker sind sehr verschieden. Es lohnt sich zu probieren!

Zwei historische Weinhäuser in Paris

Legrand Filles et Fils, 1 rue de la Banque, 75002 Paris
www.caves-legrand.com
Das Haus Legrand stammt aus dem Jahr 1880, bietet Degustationen, Diners und Workshops an.

Caves du Louvre, 52 rue de l'Arbre Sec, 75001 Paris
www.cavesdulouvre.com
Der ehemals royale Weinkeller von Ludwig XV. aus dem 18. Jahrhundert bietet neben seinem Weinladen Workshops und Führungen an.

Les desserts

Nachspeisen

Der Schluss muss traditionell mit der obligatorischen bûche de Noël gekrönt werden, die von unserer Lieblings-Patisserie Carette stammt, wenn keiner das aufwendige Zubereiten anhand eines Familienrezepts auf sich genommen hat. Mein Vater kaufte immer gerne bei Carette ein, doch er ließ es sich in manchen Jahren nicht nehmen, in stundenlanger vorweihnachtlicher Nachtarbeit als Höhepunkt für das Weihnachtsessen seine eigene bûche de Noël herzustellen. Er benutzte für das üppige, wie ein Holzscheit geformte und garnierte Dessert viel Maronencreme und Schokolade. Weihnachten und die bûche, das gehört für mich noch heute zusammen.

Unsere bûche de Noël

Heute gibt es unendlich viele moderne Varianten in allen verrückten Farben und in allen erdenkbaren Geschmacksrichtungen. Wer möchte, sucht sich jedes Jahr eine andere bûche de Noël aus!

Welche Wurzeln die Tradition dieses »Holzscheit«-Kuchens hat, lässt sich nicht ganz eindeutig klären. Eine These besagt, dass ein Holzscheit, am besten von einem Obstbaum, in den Kamin des Weihnachtszimmers gelegt und entfacht wurde. Dies sollte unter anderem die bösen Geister vertreiben. Riten und Kulte rund um das Feuer gab es früher viele. Nach den Festtagen wurde die Asche dann in der Hoffnung auf eine reiche Ernte auf die Felder gestreut. Im 19. Jahrhundert ersetzten Heizungen die Kaminfeuer, sodass man einen Ast mit Kerzen und anderen Dekorationen schmückte und auf den Tisch legte. Da war es nicht weit bis zum Holzscheit-Dessert, das rasch von findigen pâtissiers – es streiten sich auch heute noch die Städte Paris und Lyon um die Erfinderehre – in Form einer génoise mit einer crème de beurre au café oder au chocolat oder in Form eines länglich geformten Eises serviert wurde. Heute gibt es unendlich viele moderne Varianten in allen verrückten Farben und in allen erdenkbaren Geschmacksrichtungen. Wer möchte, sucht sich jedes Jahr eine andere bûche de Noël aus! Süße Requisiten runden das weihnachtliche Backkunstwerk ab: Pilze, Männchen wie die Gehilfen des Père Noël, die lutins, oder auch Winterfrüchte. Traumhaft!

Bûche de Noël tout chocolat

Schokoladen-Weihnachtstorte

ZUBEREITUNG

Für den Sirup in einem kleinen Topf 100 ml Wasser mit dem Zucker aufkochen und abkühlen lassen. Den Grand Manier hinzufügen.

Für die Schokoladencreme die Butter schaumig rühren. Die Schokolade im Wasserbad schmelzen. Die Sahne erhitzen und zur Schokolade geben. So lange rühren, bis die Creme eine glatte Konsistenz erreicht hat. Die Vanille, den Zucker und die schaumig gerührte Butter hinzufügen.

Den Backofen auf 180 °C Ober-/Unterhitze (Umluft: 160 °C) vorheizen.

Für den Biskuitteig das Eiweiß mit dem Salz in einer Schüssel zu steifem Schnee schlagen. In einer weiteren Schüssel das Eigelb, den Zucker und die Vanille schaumig rühren. 2 EL Wasser dazugeben und das mit dem Backpulver und Kakaopulver vermischte Mehl unterrühren. Dann den Eischnee vorsichtig unterheben.

Ein Backblech mit gebuttertem Backpapier auslegen, den Biskuitteig darauf verstreichen und im vorgeheizten Backofen auf mittlerer Schiene etwa 15 Minuten backen. Den Biskuit aus dem Backofen nehmen und auf ein feuchtes, gezuckertes Küchentuch stürzen. Das Backpapier entfernen, den Biskuit zusammen mit dem Tuch aufrollen und vollständig abkühlen lassen. Den Biskuit wieder entrollen und das Tuch entfernen. Den Biskuit mit dem Sirup bestreichen und die zuvor noch mal aufgeschlagene Schokoladencreme gleichmäßig darauf verteilen. Den Biskuit vorsichtig zusammenrollen und zur Verschönerung der Rolle beide Enden schräg abschneiden. Die Biskuitrolle in den Kühlschrank stellen.

Für die Glasur die Schokolade im Wasserbad schmelzen. In einem kleinen Topf auf niedriger Stufe die Sahne erhitzen. Die Schokolade aus dem Wasserbad nehmen und die heiße Sahne nach und nach hineinrühren. Den Puderzucker dazugeben und glatt rühren. Die Glasur in den Kühlschrank stellen, bis sie fester ist, sich aber noch leicht verarbeiten lässt.

Die Biskuitrolle mit der Glasur überziehen und mit einem Messer glatt streichen. Nach Belieben mit Veilchenblüten, Marzipanfiguren oder Ähnlichem verzieren.

Die Schokoladen-Weihnachtstorte bis zum Servieren in den Kühlschrank stellen.

ZUTATEN

Für den Sirup
50 g Puderzucker
2 EL Grand Marnier

Für die Schokoladencreme
60 g Butter
250 g dunkle Schokolade (79 %)
200 ml süße Sahne
1 EL Vanilleessenz oder Bourbon Vanille
30 g Puderzucker

Für den Biskuitteig
3 Eier, getrennt
1 Prise Salz
140 g Puderzucker
1 TL Vanilleessenz oder Bourbon Vanille
80 g Weizenmehl Type 405
1 TL Backpulver
2 EL Kakaopulver
Butter für das Backpapier

Für die Glasur
100 g feine dunkle Schokolade
25 g Puderzucker
4 EL süße Sahne
Kandierte Veilchenblüten, andere Zuckerblumen, Zuckerpilze, verschiedene Marzipanfiguren o. Ä. zur Dekoration (optional)

Die ersten éclairs, im Deutschen auch Liebesknochen genannt, wurden 1850 in Lyon serviert und wenig später, 1856, auch die ersten religieuses, kleine »Nonnen«, die ebenfalls aus Brandteig gefertigt wurden.

Sie hatten so großen Erfolg, dass fortan alle großen Patisserien in Paris – das 19. Jahrhundert ist das große Zeitalter der Patisserie in Frankreich – éclairs und religieuses zubereiteten, neue Varianten erfanden und verkauften.

Heute gibt es in Paris sogar Patisserien, die ausschließlich éclairs anbieten. Solche wie L'Éclair de Génie, Christophe Adam, 14 rue Pavée im 4. Arrondissement (das Atelier befindet sich 32 rue Notre-Dame-des-Victoires im 2. Arrondissement), der sich ganz dem éclair verschrieben hat und Miniaturen und unendlich viele weitere und neue Varianten des französischen Klassikers anbietet. Christophe Adam selbst sagte mir, dass es sein Ziel sei, diese mit einem french touch rock 'n' roll zu versehen ... Lecker! *www.leclairdegenieshop.com*

Tipp
Nebenstehendes Rezept kann man auch abwandeln. Éclairs gibt es ja auch à la vanille. Dafür benutzt man eine Vanille-Milchcremefüllung, die mit dem Mark einer ausgekratzten Vanilleschote zubereitet wurde, und eine Vanilleglasur mit flüssigem Vanilleextrakt statt Kaffeemischung.

Éclairs au café

Kaffee-Eclairs

ZUBEREITUNG

Den Backofen auf 220 °C Ober-/Unterhitze (Umluft: 200 °C) vorheizen. Für den Teig in einem Topf auf mittlerer Stufe 80 ml Wasser, die Milch, das Salz, den Puderzucker und die Butter zum Kochen bringen.
Das Mehl in die Flüssigkeit im Topf sieben und rühren, bis es sich zu einem Kloß verbunden hat. Weitere 1–2 Minuten rühren, damit der Teig durch die Hitze weiter an Flüssigkeit verliert. Anschließend den Teig in eine Schüssel geben. Die Eier einzeln hinzufügen und rühren, bis die Masse glatt und geschmeidig ist.

Den Teig in einen Spritzbeutel mit glattem Spritzaufsatz füllen und sechs ca. 10–12 cm lange Teigstränge auf ein mit Backpapier belegtes Blech setzen. Dabei darauf achten, dass die Stränge genügend Abstand zueinander haben.

Die Eclairs auf mittlerer Schiene im vorgeheizten Backofen etwa 15 Minuten backen. Dann bei leicht geöffneter Backofentür weitere 15 Minuten backen. Aus dem Backofen nehmen und vollständig abkühlen lassen.
Mit der Spitze eines Messers je zwei Löcher in die Unterseite der Eclairs stechen.

Für die Kaffee-Milchcremefüllung in einem kleinen Topf die Milch, das Mark der Vanilleschote und die Hälfte des Zuckers aufkochen. Vom Herd nehmen und kurz abkühlen lassen.

Das Eigelb mit dem Rest des Zuckers cremig weiß aufschlagen. Die Milch erwärmen und mit dem Maismehl und der Eimischung verrühren. Erneut unter Rühren vorsichtig erhitzen, bis die Mischung eindickt. Das Kaffeepulver in 1 EL Wasser auflösen, in die Milchcreme einrühren und diese abkühlen lassen.

Die Kaffee-Milchcremefüllung in einen Spritzbeutel füllen und mit einer kleinen Lochtülle (etwa Nr. 6) in die zuvor gestochenen Lochöffnungen der Eclairs spritzen (ca. 50 g Füllung pro Eclair). Eclairs umgedreht auf ein Kuchengitter setzen, damit die Füllung nicht ausläuft.

Für die Kaffeeglasur die Kuvertüre mit 3 EL Wasser in einer Schüssel im Wasserbad schmelzen. Das Kaffeepulver in 1 EL Wasser auflösen, hinzufügen und glatt rühren. Die Eclairs sofort mit der Glasur bestreichen.

ZUTATEN FÜR ETWA 6 ECLAIRS

Für den Teig
100 ml Vollmilch
½ TL Salz
½–1 TL Puderzucker
75 g Butter
100 g Weizenmehl Type 405
3 Eier

Für die Kaffee-Milchcremefüllung
750 ml Vollmilch
180 g Kristallzucker
Mark von 1 Vanilleschote
8 Eigelb
80 g Maismehl
4 EL lösliches Kaffeepulver

Für die Kaffeeglasur
400 g hochwertige weiße Kuvertüre
3 EL lösliches Kaffeepulver

Tipp: Die Glasur sollte nicht zu heiß werden, sonst verliert sie ihren Glanz und wird stumpf. Mit dem Finger kann man eine Probe machen: Die Glasur sollte lediglich lauwarm (ideal sind 35 °C) sein. Darauf achten, dass nicht zu viel Luft untergerührt wird. Die Glasur sollte weder zu dick- noch zu dünnflüssig sein. Sie sollte einerseits gut zu verstreichen sein, ohne zu verlaufen, und andererseits nicht zu kalt werden, da sie sonst »klumpig« wird.

Coup de Cœur
Premier Cru
CHAMPAGNE
34,95€
46,95€
28,95€
Champagne
Vve Fourny & Fils
Vertus
Extra-Brut
Premier Cru
CHAMPAGNE
Pierre Gimonnet
& Fils
Cuis 1er Cru
LACROIX-TRIAULAIRE
CHAMPAGNE
Festif

Glace festive et coulis de fruits

Eisdessert mit festlichem Champagner-Fruchtcoulis

ZUBEREITUNG

Die Früchte waschen, trockentupfen und größere Exemplare klein schneiden. Die Früchte zusammen mit dem Puderzucker und dem Champagner sowie dem Zitronensaft in einer Schüssel pürieren.

Abdecken und bis zum Servieren im Tiefkühlfach aufbewahren. Die Masse in regelmäßigen Abständen – etwa zwei Mal pro Stunde – mit einer Gabel umrühren.

Das Eisdessert nach Belieben mit etwas Zimt oder gehackten Pistazien bestreuen und servieren.

ZUTATEN FÜR 1 LITER

1 kg gemischte Früchte (z. B. Aprikosen, Erdbeeren, Himbeeren, Pfirsiche, Johannisbeeren), gewaschen, entstielt und entsteint
200 g Puderzucker
200 ml Champagner
Saft von 2 Zitronen
Zimtpulver oder gehackte Pistazien (optional)

Treize desserts – Provenzalische Weihnachtsdesserts in Paris

An manchen Orten im Süden Frankreichs besagt die Tradition, dass es diese 13 Desserts genau drei Tage lang auf dem Tisch geben soll, und zwar schon am 24. abends.

Pâtes de fruits sind fester Bestandteil der berühmten 13 Desserts, die bei einem Pariser Noël mit provenzalischen Spezialitäten aufgetischt werden.

Neben den wunderschönen Weihnachtsdekorationen und den santons (siehe Seite 20) sollten kulinarische Besonderheiten wie die 13 Desserts, die Jesus und die zwölf Apostel symbolisieren, auf keinem französisch-provenzalischen Weihnachtstisch fehlen – auch nicht in Paris. Zu den 13 Desserts kann je nach Geschmack und Vorliebe Folgendes gehören: mindestens zwei Sorten von getrockneten Früchten (mendiants), frische Früchte, konfierte Früchte aus Apt, weiße oder schwarze Nugats aus Saint-Tropez, biscottins d'Aix, fougasses (galette orange), pompe à l'huile, berlinguots aus Carpentras, navettes de Marseille, petits gâteaux en forme de barque, pignoulats (gateaux aux pignons), beignets (oreillettes, bugnes et chichi-fergi), calissons aus Aix oder galettes de Noël (siehe Rezepte auf Seite 40 und 41).

Die Liste der 13 unterscheidet sich je nach Region oder Stadt, doch der gemeinsame Nenner sind oft der Nugat, die getrockneten Früchte und vielleicht noch die pompe à l'huile. Wichtig ist lediglich die Zahl 13! Sitzen Kinder am Tisch, achtet man besonders darauf, es mit der Tradition genau zu nehmen und ganz exakt zu sein. Viele Varianten ermöglichen zum Glück ein bisschen Flexibilität. Gerade in der vor der Weihnachtszeit vollen Hauptstadt ist nicht jeder bereit, lange nach den richtigen Zutaten zu suchen. An manchen Orten im Süden Frankreichs besagt die Tradition, dass es diese 13 Desserts genau drei Tage lang auf dem Tisch geben soll, und zwar schon am 24. abends. In manchen provenzalischen Familien wird vor dem Essen ein alter Segnungsspruch aufgesagt, der mit den wunderschönen Worten »Alègre, alègre, mi bèus ami, Diéu nous alègre, emé calèndo, tout bèn bèn« beginnt, was so viel heißt wie »dass Gott uns erfreut und zusammenbringt und mit dem Weihnachtsfeste alles gut geht«.

1kg
Figuettes
sauvages
9€2
1kg

Caramel
beurre salé

QUALITÉ
JE CHOISIS
RUNGIS
2013
Clementine de Corse
I
France
6,99 €
Le Kilo
Clémentine de Corse

Gâteau de clémentines de Corse

Clementinenkuchen

Weinempfehlung von Michel Rousseau:
Ein Vouvray Pétillant Delaleu oder ein Muscat de Rivesaltes

ZUBEREITUNG

Den Backofen auf 200 °C Ober-/Unterhitze (Umluft: 180 °C) vorheizen.

Für den Teig den Zucker und die Eier 3 Minuten lang schaumig aufschlagen. Den Clementinenabrieb und das mit dem Backpulver vermengte Mehl rasch unterrühren. Den Teig in eine gebutterte Form gießen und im vorgeheizten Ofen auf mittlerer Schiene etwa 25 Minuten backen. Aus dem Backofen nehmen und auf einem Kuchengitter abkühlen lassen.

Für die Glasur den Clementinensaft und den Puderzucker vermengen.

Den erkalteten Kuchen oben und an den Seiten mit der Glasur bestreichen und mit kandierten Clementinenschalen nach Belieben festlich verzieren.

ZUTATEN

Für den Teig
170 g Zucker
4 kleine Eier
Abrieb von 4 unbehandelten Clementinen
200 g Weizenmehl Type 405
7 g Backpulver

Für die Glasur
Saft von 4 Clementinen
250 g Puderzucker
kandierte Clementinenschalen zum Verzieren (optional)

Weihnachtswünsche

Pour ce Noël, je te souhaite paix, amour et plein de bonheur. Joyeuses fêtes de Noël à toi et tes proches! Je te souhaite de passer un merveilleux Noël plein de joie et de magie. Profites bien de tes proches en cette joyeuse fête de Noël!

Zu Weihnachten wünsche ich dir Frieden, Liebe und viel Glück. Fröhliche Weihnachten dir und allen, die dir teuer sind! Ich wünsche dir eine wunderbare Zeit voller Freude und Magie. Genieße die Festtage mit deinen Liebsten!

Fêtes de fin d'années

Zwischen den Jahren

Jede Familie hat ihre eigenen kleinen Traditionen. Bei uns startete das dîner de Noël nicht als déjeuner, also mittags, sondern immer am späten Nachmittag des 25. Dezember und dauerte viele vergnügliche, gesellige Stunden bis in die Nacht hinein. Unterbrochen wurde das dîner durch Lieder und so manchen lustigen französischen, weihnachtlichen Trinkspruch oder auch durch bei uns klingelnde Nachbarn, die spontan mit einem Glas Wein oder mitgebrachtem Champagner anstoßen wollten und uns »Joyeux Noël!« zuriefen.

An Noël »bog« sich unsere lange festlich gedeckte Tafel immer unter mehreren Vorspeisen, einer Suppe, einem Fisch- sowie einem Fleischgang und einem besonderen Dessert. Während wir Jüngeren uns nach der ausgiebigen Mahlzeit am Seineufer mit unseren Freunden trafen, uns zu den weihnachtlichen Festivitäten und Geschehnissen austauschten und ein paar Schritte zusammen gingen, ehe wir wieder zu unseren Familien zurückkehrten, plante mein Vater, ganz in seinem Element, im Geiste bereits das Buffet für Silvester, suchte in seinen alten Koch- und Backbüchern nach dem Rezept für seine leckeren Apfelkrapfen und diskutierte mit Mamie über die beste Zubereitung des Bratens. Meine Mutter rollte dann lachend mit den Augen und fragte sich, wie man so satt schon wieder ans Essen denken konnte! Doch mein Vater schwelgte in den fêtes de fin d'années, die gar kein Ende nahmen. Für ihn hätte es nach dem Jahreswechsel fröhlich so weitergehen können, wäre im Januar nicht – auch in kulinarischer Hinsicht – der Alltag wieder eingekehrt. Aber bis dahin hieß es: Joyeux Noël et bonne nouvelle année!

Faire la fête, après Noël – Feste feiern, auch nach Weihnachten!

Feste strukturieren das Jahr, so ist das auch in Frankreich. Nach Weihnachten geht es gleich weiter. Gewiss, es gibt die Jahreswende, Silvester und Neujahr. Eines der ältesten, liebsten und traditionell französischsten Feste aber (das unmittelbar mit Weihnachten und der Geburt Jesu zu tun hat) ist die fête des Rois am 6. Januar, die die Ankunft der Heiligen Drei Könige feiert. An diesem Tag wird traditionell (egal ob selbst gebacken oder von einer Patisserie) eine galette des Rois verspeist, ein Marzipanblätterteigkuchen, in dem eine kleine Porzellanfigur versteckt wird. Diese kleine Figur war ursprünglich ein Jesuskind. Erst nach 1900 wurden unzählige andere Figuren erfunden, die in Frankreich eine wahre Sammelleidenschaft entfachten. Wer heute einen französischen Flohmarkt besucht, wird sie sehen, die fêves in allen Variationen, vom Eiffelturm bis zur Micky Maus.

Streng nach Tradition wird der Kuchen beim Servieren und Schneiden unter einer weißen Stoffserviette verborgen, damit man die Porzellanfigur, die fève, nicht sieht. Und es wird immer ein Stück mehr aufgeschnitten, als es Gäste gibt – la part du Bon Dieu, das Stück, das für einen Bedürftigen reserviert ist, der an der Tür klopfen könnte. Derjenige, der das Kuchenstück bekommt, das die Figur enthält, wird König oder Königin und darf die Krone aufsetzen, die es in französischen Patisserien, genauso wie die fèves, zu kaufen gibt.

Galette des Rois à la crème d'amandes

Dreikönigsmandelkuchen

Die galette des Rois enthält heutzutage oft nicht nur die klassische Marzipanfüllung, sondern auch allerhand Fruchtiges oder Schokoladiges. Man serviert Kaffee oder Tee dazu oder köpft zu diesem Anlass eine Flasche Champagner oder Cidre. Eine galette des Rois isst man im Laufe des Januar oft mehrere Male. So, wie man »Bonne et joyeuse nouvelle année!« noch bis Ende Januar wünschen kann: »On tire les Rois« wird am Arbeitsplatz, im Kreise der Familie, unter Freunden oder im Verein mehrfach zelebriert.

ZUBEREITUNG

Für den Teig das Salz in 100 ml Wasser auflösen und das Mehl dazugeben. Alles zu einem glatten, elastischen Teig verarbeiten und zu einer rechteckigen, ½ cm dicken und etwa 20 x 30 cm großen Teigplatte auswellen. Die Butter weich aufschlagen und mittig auf dem Teig verteilen. Die vier Ecken des Teiges zur Mitte hin über die Butter falten und 1 Stunde kalt stellen. Anschließend den Teig in exakt den drei folgenden Schritten insgesamt drei Mal nacheinander bearbeiten:

Schritt 1: Zunächst den Teig mit dem Nudelholz zu einem langen Teigstrang von ½ cm Dicke auswellen. Die Butter darf dabei nicht herausquellen. Schritt 2: Den Teigstrang drei Mal übereinanderfalten, wieder auswellen und 15 Minuten kalt stellen. Schritt 3: Den Teig zur entgegengesetzten Seite (also quer zur Faltung) auswellen.

Das ganze Prozedere zwei Mal wiederholen, damit die Butter vollkommen in den Teig eingearbeitet wird. Den Teig erneut kalt stellen und ruhen lassen.

Für die Füllung die Mandeln, den Puderzucker und den Vanillezucker vermengen. Die Butter, das Ei und den Rum zur Mandelmischung geben und gut verrühren.

Den Teig zu zwei runden Platten (26 cm ø) von etwa 1 cm Dicke auswellen. In eine der beiden Teigplatten die Porzellanfigur drücken und die Füllung darauf verteilen. Anschließend die zweite Teigplatte auflegen. In den so entstandenen Teigdeckel mit einer Messerspitze Rauten einritzen und die Oberfläche mit Eigelb bestreichen. Achtung: Die Kanten nicht mit Eigelb bepinseln, da sonst die einzelnen Teigschichten nicht aufgehen können.

Den Backofen auf 200 °C Ober-/Unterhitze (Umluft: 180 °C) vorheizen. Die galette des Rois 30 Minuten im Kühlschrank ruhen lassen, damit sich der Teig im Backofen nicht zurückzieht. Auf mittlerer Schiene im vorgeheizten Backofen 30–35 Minuten backen. Eventuell für die letzten Minuten der Backzeit die Temperatur auf 180 °C reduzieren.

Alle Zutaten sollten gut gekühlt sein und das Mehl gesiebt werden. Auch empfiehlt es sich, in einem möglichst kühlen Raum zu arbeiten.

ZUTATEN

10 g Salz
400 g Weizenmehl Type 405
300 g zimmerwarme Butter

Für die Füllung
120 g Mandelkerne, gemahlen
90 g Puderzucker
1 Päckchen Vanillezucker
90 g Butter, geschmolzen
1 Ei
2 EL Rum
1 kleine Porzellanfigur (in Frankreich als fève – meist eine Jesusfigur – beim Bäcker zu kaufen)
2 Königskronen aus Goldpapier (in Frankreich ebenfalls beim Bäcker erhältlich)
2 Eigelb

Nach »Joyeux Noël!« im Dezember heißt es nun: »Vive la reine et le roi!«

UNI
QLO
Paris

Galeries Lafayette

Mon Noël à Paris – auf einen Blick

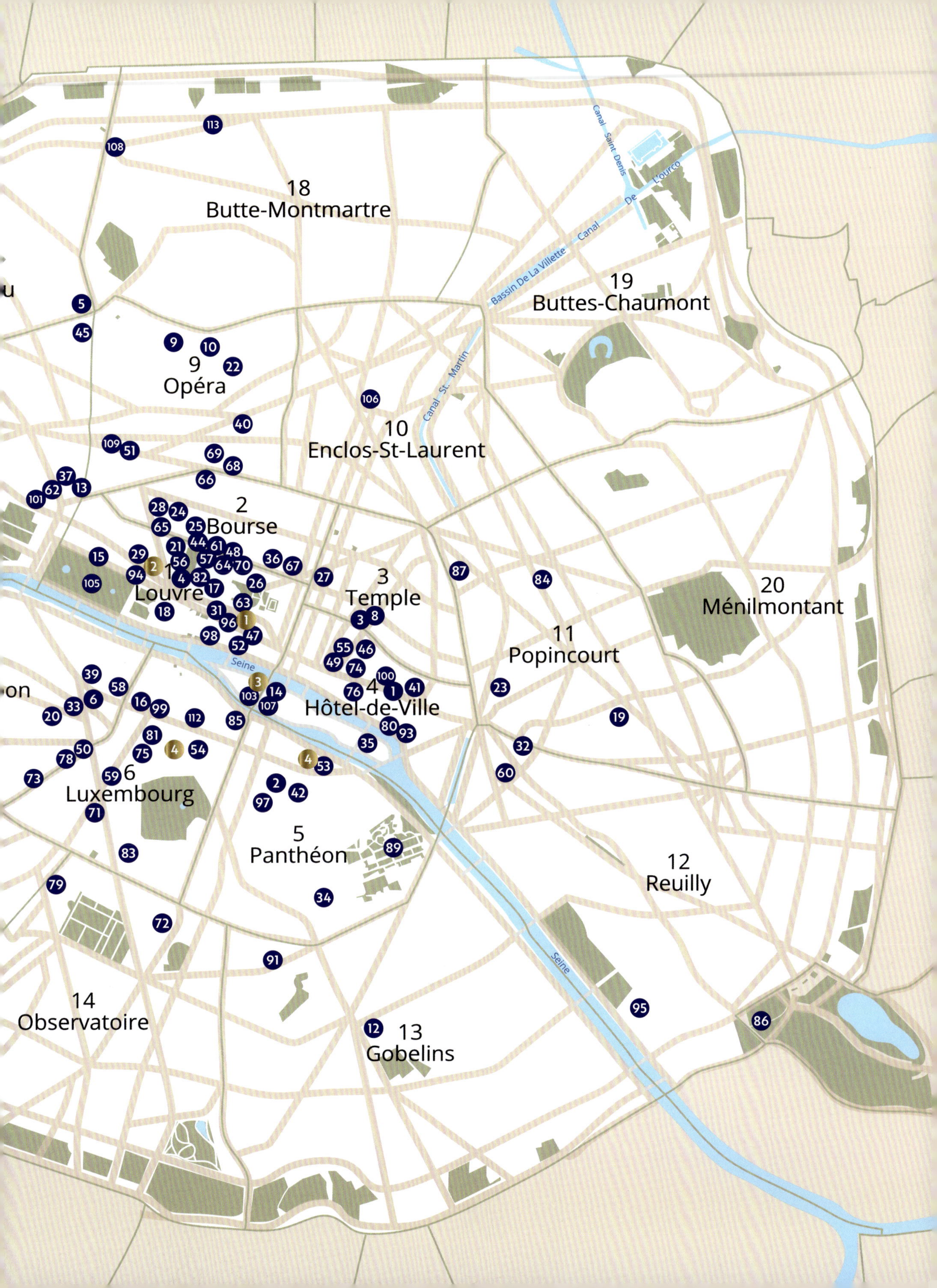

18
Butte-Montmartre
Canal Saint Denis
Canal De L'ourco
Bassin De La Villette
19
Buttes-Chaumont
9
Opéra
Canal St. Martin
10
Enclos-St-Laurent
2
Bourse
1
Louvre
3
Temple
11
Popincourt
20
Ménilmontant
Seine
4
Hôtel-de-Ville
6
Luxembourg
5
Panthéon
12
Reuilly
14
Observatoire
13
Gobelins

Weihnachtsbummel in Paris

ART DE TABLE

1 **Cassiopée & Co**
23–25 rue Saint-Paul
(Innenhof)
75004 Paris
www.proantic.com/galerie/cassiopee

2 **Alix D. Reynis**
22 rue Jacob
75006 Paris
www.alixdreynis.com

BÜCHER

3 **La Belle Hortense**
31 rue Vieille du Temple
75003 Paris

4 **Librairie Delamain**
155 rue Saint-Honoré
75001 Paris
www.librairie-delamain.com

5 **Librairie de Paris**
7 place de Clichy
75017 Paris
www.librairie-de-paris.fr

6 **Librairie Gallimard**
15 boulevard Raspail
75007 Paris
www.librairie-gallimard.com

7 **Librairie Le Divan**
203 rue de la Convention
75015 Paris
www.librairie-ledivan.com

BLUMEN & WEIHNACHTSBÄUME

8 **Artisan Fleuriste**
95 rue Vieille du Temple
75003 Paris
www.artisanfleuriste.fr

9 **Debeaulieu** (Blumen)
30 rue Henry Monnier
75009 Paris
www.debeaulieu-paris.com

10 **Debeaulieu** (Wintergarten, Pflanzen und Objekte)
19 rue Victoire Masse
75009 Paris

11 **Église St. Léon, Compagnons Scouts**
1 place du Cardinal Amette
75015 Paris
www.saintleon.com

12 **Fleurs d'Italie**
203-205 boulevard Vincent Auriol
75013 Paris
www.fleursditalie.com

13 **Kiosque des Fleurs**
place de la Madeleine
75008 Paris

14 **Marché aux Fleurs Reine Elisabeth II**
37 place Louis Lépine
75004 Paris

Mehr Weihnachtsbäume:
Association Française du sapin de Noël
www.afsnn.fr

CAFÉ, THÉ & CHOCOLATERIE

15 **Angelina**
226 rue de Rivoli
75001 Paris
www.angelina-paris.fr

16 **Café de Flore**
172 boulevard St. Germain
75006 Paris
www.cafedeflore.fr

17 **Café de l'Époque**
2 rue du Bouloi
75001 Paris
www.cafedelepoque.fr

18 **Café Richelieu**
Musee du Louvre
Aile Richelieu 1st Floor
75001 Paris
www.musiam-paris.com/fr/restaurants/cafe-angelina

19 **Chocolaterie Cyril Lignac**
25 rue Chanzy
75011 Paris
www.lachocolateriecyrillignac.com

20 **Chocolaterie Jacques Genin**
27 rue de Varennes
75007 Paris
www.jacquesgenin.fr

21 **Muscade Salon de Thé**
36 rue de Montpensier
75001 Paris
www.muscadepalaisroyal.fr

22 **Rose Bakery**
46 rue des Martyrs
75009 Paris
www.rosebakery.fr

DEKORATIVES & PAPETERIE

23 **À Paris chez Antoinette Poisson**
12 rue Saint-Sabin
75011 Paris
www.antoinettepoisson.com

24 **Boisnard**
88 passage Choiseul
75002 Paris
www.boisnard.fr

25 **L'Aparté**
48 galerie Vivienne
75002 Paris
www.laparte-paris.com

26 **La Droguerie**
9 rue du Jour
75001 Paris
www.ladroguerie.com

27 **L'Écritoire**
26 passage Molière
75003 Paris
www.lecritoireparis.com

28 **Mercerie Ultramod**
4 rue de Choiseul
75002 Paris

29 **Boutique Brigitte Tanaka**
18 rue Saint-Roch
75001 Paris
www.brigittetanaka.com

FEINKOST

Käse & Trüffel

30 **Fromagerie Aléosse**
13 rue Poncelet
75017 Paris
www.fromage-alleosse.com

31 **Fromagerie du Louvre**
54 rue de l'Arbre sec
75001 Paris
www.fromageriedulouvre.com

Fromagerie Fouché
16 rue Poissy
Saint-Germain-en-Laye

32 **Fromagerie Hardouin-Langelt**
Le marché couvert Beauvau
75012 Paris

33 **Fromagerie Nicole Barthélémy**
51 rue de Grenelle
75007 Paris

34 **Fromagerie Roland Rousselet affineur**
105 rue Mouffetard
75002 Paris
www.roland-rousselet-affineur.com

35 **La Ferme Saint-Aubin**
76 rue Saint-Louis en l'Île
75004 Paris

36 **La Fermette**
86 rue Montorgeuil
75002 Paris
www.la-fermette-paris.com

37 **Maison de la Truffe**
19 place de la Madeleine
75008 Paris
www.maison-de-la-truffe.com

38 **Truffes Folies**
37 rue Malar
75007 Paris
www.truffesfolies.fr/fr

Patissierie & Confiserie

39 **Debauve et Gallais**
30 rue des Saint-Pères
75007 Paris
www.debauve-et-gallais.fr

40 **La Mère de Famille**
35 rue du Faubourg Montmartre
75009 Paris
www.lameredefamille.com

41 **L'Éclair de Génie**
14 rue pavée
75004 Paris
www.leclairdegenieshop.com

42 **Le Bonbon au Palais**
19 rue Monge
75005 Paris
www.lebonbonaupalais.com

43 **Patisserie Carette**
4 place du Trocadéro
75016 Paris

Tee & Kräuter

44 Herboristerie du Palais Royal
11 rue des Petits Champs
75001 Paris
www.herboristerie.com

45 L'Herboristerie de la Place de Clichy
87 rue d'Amsterdam
75008 Paris
www.herboristerie-de-la-place-clichy.business.site

46 Mariage Frères
30 rue du Bourg-Tibourg
75004 Paris
www.mariagefreres.com

Wein

47 Caves du Louvre
52 rue de l'arbre sec
75001 Paris
www.cavesdulouvre.com

3 La Belle Hortense
31 rue Vieille du Temple
75003 Paris

48 Legrand Filles et Fils
1 rue de la Banque
75002 Paris
www.caves-legrand.com

KAUFHÄUSER

49 BHV Marais
52 rue de Rivoli
75004 Paris
www.bhv.fr

50 Le Bon Marché rive gauche
24 rue de Sèvres
75007 Paris
www.lebonmarche.com

51 Printemps Haussmann
64 boulevard Haussmann
75009 Paris
www.printemps.com

52 Samaritaine
9 rue de la Monnaie
75001 Paris
www.dfs.com/fr/samaritaine

KERZEN

Abeillus
5 rue du Chant des Oiseaux
8360 Montesson
www.abeillusfragrance.com

53 Diptyque
34 boulevard Saint-Germain
75005 Paris
www.diptyqueparis.com

Emmaüs
7/9 rue Jean-Jacques Rousseau
94200 Ivry-sur-Seine
www.emmaus-paris.fr

Ensō
www.enso-paris.fr

Miel de Paris
www.miel-paris.com

54 Trudon (rive gauche)
78 rue de Seine
75006 Paris
www.trudon.com

55 Trudon (rive droite)
11 rue Sainte Croix de la Bretonnerie
75004 Paris

KURIOSITÄTEN

56 A l'Oriental
22 Gal de Chartres
75001 Paris

Athanase Gribaudo Vandamme
57 6 galerie Vivienne
75002 Paris

58 Deyrolle
46 rue du Bac
75007 Paris
www.deyrolle.com

Marché aux Puces de St. Ouen
110 rue des Rosiers
93400 Saint-Ouen-sur-Seine
www.pucesdeparissaintouen.com

59 Marin Montagut
48 rue Madame
75006 Paris
www.marinmontagut.com

60 Viaduc des Arts
1–127 avenue Daumesnil
75012 Paris
www.leviaducdesarts.com

PASSAGEN & GALLERIEN

61 Galerie Colbert
4 rue Vivienne
75002 Paris

62 Galerie de la Madeleine
9 place de la Madeleine
75008 Paris

63 Galerie Véro-Dodat
19 rue Jean-Jacques-Rousseau
75001 Paris

64 Galerie Vivienne
4 rue des Petits Champs
75002 Paris
www.galerie-vivienne.com

65 Passage Choiseul
40 rue des Petits Champs
75002 Paris

66 Passage des Panoramas
11 boulevard Montmartre
75002 Paris

67 Passage du Grand-Cerf
145 rue Saint-Denis
75002 Paris

68 Passage Jouffroy
10-12 boulevard Montmartre
75009 Paris

69 **Passage Verdeau**
31 rue du Faubourg Mont-
martre
75009 Paris

SANTONS & MEHR

70 **Au Coeur Immaculé de Marie**
8 rue des Petits Pères
75002 Paris

71 **Biblia Paris**
61 rue de Vaugirard
75006 Paris
www.bibliaparis.com

72 **Boutique des Monastères**
68 bis, avenue Denfert
Rochereau
75014 Paris
www.artisanatmonastique.
com

73 **Christophe Lachaux**
52 rue de Sèvres
75007 Paris
www.antiquite-lachaux.com

74 **Il était une Fois**
6 rue Ferdinand Duval
75004 Paris
www.iletaitunefoisparis.fr

75 **Maison Georges Thuillier**
10 place Saint Sulpice
75006 Paris

76 **Monastika**
10 rue des Barres
75004 Paris
www.monasticasourcesvives.fr

77 **Santons Fouque**
39 boulevard de Grenelle
75015 Paris
www.santons-fouque.fr/fr

78 **Stella Maris**
132 rue du Bac
75007 Paris
www.stellamarisparis.fr

79 **Tikibou**
33 boulevard Edgar Quinet
75014 Paris
www.tikibou-jouets.com

SPIEL & SPORT

80 **Atelier Alain Lapeyre & Anne Glaser**
9 rue Beautreillis
75004 Paris

81 **Au Plat d'Étain**
16 rue Guisarde
75006 Paris
www.soldats-plomb-au-
plat-etain.fr

82 **Les Drapeaux de France**
place Colette
75001 Paris
www.lesdrapeauxdefrance.
com

83 **Rouge et Noir**
26 rue Vavin
75006 Paris
www.rouge-et-noir.fr

84 **OBUT**
60 avenue de la République
75011 Paris
www.obut.com/fr

85 **Variantes**
29 rue Saint-André des Arts
75006 Paris
www.variantes.com

Weihnachtszeit in & um Paris

IM GRÜNEN

86 **Bois de Vincennes Parc Zoologique**
avenue Daumesnil
75012 Paris
www.parczoologiquedeparis.fr

87 **Cirque d'Hiver**
110 rue Amelot
75011 Paris
www.cirquedhiver.com

88 **Jardin d'Acclimatation Bois de Boulogne**
Route de la Prte Dauphine à la Prte des Sablons
75116 Paris
www.jardindacclimatation.fr

89 **Jardin des Plantes**
57 rue Cuvier
75005 Paris
www.jardindesplantesdeparis.fr

Lumières en Seine
Domaine national de St. Cloud
1 avenue de la Grille d'Honneur
92210 Saint-Cloud
www.lumieresenseine.com

Safari-Zoo
Thoiry Lumiéres sauvages
Rue du Pavillon de Montreuil
78770 Thoiry
www.thoiry.net

mehr weihnachtliche Spektakel:
www.chateau-blandy.fr
www.chateaudechantilly.fr
www.chateaudefontainebleau.fr
www.en.chateauversailles.fr
www.paris.fr/lieux/parc-de-bagatelle-1808
www.vaux-le-vicomte.com

KRIPPEN

90 **Cathedrale de la Sainte-Trinité**
1 quai Jacques Chirac
75007 Paris
www.cathedrale-sainte-trinite.fr

91 **Temple Protestant de Port Royal**
18 boulevard Arago
75013 Paris
www.protestantsquartierlatin.net

92 **Temple de l'Étoile**
54 avenue de la Grande Armée
75017 Paris
www.etoile.pro

mehr Krippen in Paris
www.dioceseparis.fr.

MUSEEN & MEHR

93 **Musée de la Magie et des Automates**
11 rue St.Paul
75004 Paris

94 **Musée des Arts Décoratifs – Département des Jouets**
107 rue de Rivoli
75001 Paris
www.madparis.fr

95 **Musée des Arts Forains**
53 avenue des terroirs de France
75012 Paris
www.arts-forains.com

WEIHNACHTSKONZERTE

96 **Chapelle du Louvre**
145 rue St. Honoré
75001 Paris
www.oratoiredulouvre.fr

97 **Église Saint-Éphrem-le-Syriaque**
17 Rue des Carmes
75005 Paris
www.dioceseparis.fr/saint-ephrem-des-syriaques.html

98 **Église Saint-Germain l'Auxerrois**
2 place du Louvre
75001 Paris
www.saintgermainlauxerrois.fr

99 **L'Église Saint-Germain-des-Près**
Pl. Saint-Germain des Prés
75006 Paris
www.eglise-saintgermaindespres.fr

100 **Église Saint-Paul**
99 rue Saint-Antoine
75004 Paris
wwwfnac.com

101 **La Madeleine**
Place de la Madeleine
75008 Paris
www.concerts-lamadeleine.com

102 **Maison de la Radio et de la Musique**
116 avenue du Président Kennedy
75016 Paris
www.maisondelaradioetdelamusique.fr.

103 **Sainte-Chapelle**
10 boulevard du Palais
75001 Paris
www.sainte-chapelle.fr

104 **Théâtre des Champs-Élysées**
15 avenue Montaigne
75008 Paris
www.theatrechampselysees.fr

WEIHNACHTSMÄRKTE

105 **La Magie de Noël aux Tuileries**
Jardin des Tuileries, place de la Concorde
75001 Paris

106 **Marché de Noël Alsacien**
Parvis de la Gare de l'Est - côté rue d'Alsace
75010 Paris

107 **Marché de Noël de Notre-Dame**
Square René Viviani,
2 rue du Fouarre
75004 Paris

108 **Marchés de Noël du Hasard** Ludique
128 avenue de Saint-Ouen
75018 Paris

109 **Marché de Noël du Printemps Haussmann**
Rue Caumartin
75009 Paris

110 **Marché de Noël Suédoise Église suédoise,**
9 rue Médéric
75017 Paris

111 **Noël à l'Anglaise St George's Anglican Church,**
7 rue Auguste Vacquerie
75016 Paris

112 **Village de Noël**
Boulevard St.-Germain-des-Près
75006 Paris

113 **Village de Noël de Ta Mère Nature**
La Recyclerie, 83 boulevard Ornano
75018 Paris

Village de Noël sur le Parvis de la Défense
Parvis de la Défense
92932 Paris

ZEIT FÜR NÄCHSTENLIEBE

Société Saint-Vincent-de-Paul
www.ssvp.fr/devenir-benevole

Secours Populaire Français
www.secourspopulaire.fr/peres-noel-verts

Handicap International
www.handicap-international.fr/fr/mobilisation/index

Fondation de France
www.fondationdefrance.org/fr/reveillons-la-solidarite

Armée du Salut
www.armeedusalut.fr/nous-rejoindre/benevolat

Secours Catholique
www.secours-catholique.org

Restos du Cœur
www.restosducoeur.org/devenir-benevole

Croix Rouge
www.croix-rouge.fr/Je-m-engage

Petits Frères des Pauvres
www.petitsfreresdespauvres.fr/nos-actions/organiser-activites-collectives/noel

La Mie de Pain
www.miedepain.asso.fr/devenir-benevole/

Paris en Compagnie
www.parisencompagnie.org/

FAHRRADVERMIETUNGEN

www.jourdevelo.fr.
www.lepelotoncafe.cc/fr/location
www.parisavelo.fr
www.velib-metropole.fr
www.veligo-location.fr
www.velo-handicap.com
www.weelo.fr

KERZENSPAZIERGANG

1 **Hôtel de Trudon**
52 rue de l'Arbre Sec
75001 Paris

2 **Église Saint-Roch**
284 rue Saint-Honoré
75001 Paris

3 **Sainte-Chapelle**
10 boulevard du Palais
75001 Paris
www.sainte-chapelle.fr

4 **Trudon (rive gauche)**
78 rue de Seine
75006 Paris
www.trudon.com

Diptyque
34 boulevard Saint-Germain
75005 Paris
www.diptyqueparis.com

Rezepte

VORSPEISEN, SUPPEN & ZWISCHENGERICHTE

HAUPTSPEISEN

SÜSSES & GEBÄCK

Merci

Ein Buch über Noël in meiner Heimatstadt Paris... Welch wunderbares Schreib-Abenteuer habe ich mir da vor ein paar Jahren, als das Projekt vor meinem geistigen Auge entstand, vorgenommen!

Ich danke dafür allen Menschen, die mir wertvolle Empfehlungen gegeben haben, ihre Türen zu ihrem Zuhause, ihren Pariser Geschäften, Museen, Cafés, Kirchen oder Institutionen aufgemacht haben und bereitwillig waren, mir von »ihrem« Noël zu erzählen.

Ich bedanke mich bei der Abteilung für Dokumentation der Bibliothèque Nationale de France und dem Ministère de la Culture, bei denen ich umfangreich die kulturhistorischen Hintergründe recherchieren konnte, sowie den zahlreichen zufälligen und geplanten Begegnungen, die ich bei meinen vielen Spaziergängen in meiner Heimatstadt erlebt habe. Sie waren wunderbare Quellen für mein Noël-Buch. Ich danke meiner Lektorin Britta Bettendorf und meiner Agentin Beate Riess für die Unterstützung und meiner Fotografin und Freundin Marie Preaud, die bei der Umsetzung meiner Gedanken in Fotografien wieder einmal bewiesen hat, dass wir ein Dream-Team sind. Mit ihr hatte ich viele wunderbare, spannende Tage in Paris auf der Suche nach den besten Noël-Motiven für das Buch.

Weihnachten, das sind auch Familie und Freunde. Ich danke meiner Familie und meinen Freunden, die mich in der Recherchephase und später, als ich schrieb, immer wieder begleitet haben. Meine Liebe geht an meine beiden Kinder Amandine und Joël sowie an Steve. Danke! Einfach dafür, dass es sie in meinem Leben gibt.

Über die Autorin

Murielle R. Rousseau, geboren 1966 bei Paris, wuchs in Saint-Germain-en-Laye auf und lebt heute mit ihrer Familie in Freiburg und in ihrem französischen Landhaus an der Loire. Sie hat bereits mehrere Bücher zur französischen Küche und Lebensart veröffentlicht, für die sie verschiedene Auszeichnungen, u. a. den Gourmand Cookbook Award für das »beste französische Kochbuch der Welt«, erhalten hat. »Weihnachten in Paris« ist bereits das vierte Buch, das sie im Christian Verlag veröffentlicht.

Über die Fotografin

Marie Preaud studierte Fotografie in Paris und New York. Für ihre inspirierenden Fotos erhielt sie unter anderem den begehrten ASMP Image Award in den USA sowie den PX3 Prix de la Photographie in Paris. Das Thema Genuss begleitet die Fotografin schon ihr gesamtes Leben. Für den Christian Verlag hat sie bereits für drei Kochbücher Murielle Rousseaus mit ihrem feinen Blick fotografisch gestaltet. Marie Preaud lebt mit ihrer Familie in Mannheim.

Impressum

Produktmanagement: Britta Bettendorf
Redaktion: Susen Truffel-Reiff
Korrektorat: Judith Bingel
Layout & Satz: Kim Aichholz, studio zitrone
Umschlaggestaltung: Regina Degenkolbe
Repro: LUDWIG:media
Herstellung: Julia Hegele

Printed in Türkiye by Elma Basim

Rezepte & Texte: Murielle Rousseau
Fotografie: siehe Bildnachweis

Unser komplettes Programm finden Sie unter

www.christian-verlag.de

Alle Angaben dieses Werkes wurden von der Autorin sorgfältig recherchiert und auf den neuesten Stand gebracht sowie vom Verlag geprüft. Für die Richtigkeit der Angaben kann jedoch keine Haftung übernommen werden, weshalb die Nutzung auf eigene Gefahr erfolgt. Sollte dieses Werk Links auf Webseiten Dritter enthalten, so machen wir uns die Inhalte nicht zu eigen und übernehmen für die Inhalte keine Haftung.

In diesem Buch wird aus Gründen der besseren Lesbarkeit das generische Maskulinum verwendet. Weibliche und anderweitige Geschlechteridentitäten werden dabei ausdrücklich mitgemeint, soweit es für die Aussage erforderlich ist.

Die Deutsche Nationalbibliothek verzeichnet diese Publikation in der Deutschen Nationalbibliografie; detaillierte bibliografische Daten sind im Internet über http://dnb.d-nb.de abrufbar.

Bildnachweis
Alle Bilder des Innenteils und auf dem Umschlag stammen von Marie Preaud mit Ausnahme des Covermotivs (AdobeStock/192294290), Seite 146 (shutterstock/Andrea Chiozzi) und der Straßenkarte auf Seite 180/181 (shutterstock/Art Berry).

☆☆☆☆☆

Sind Sie mit diesem Titel zufrieden? Dann würden wir uns über Ihre Weiterempfehlung freuen. Erzählen Sie es im Freundeskreis, berichten Sie Ihrem Buchhändler, oder bewerten Sie bei Onlinekauf. Und wenn Sie Kritik, Korrekturen, Aktualisierungen haben, freuen wir uns über Ihre Nachricht an
Christian Verlag,
Postfach 40 02 09,
D-08702 München
oder per E-Mail an
lektorat@verlagshaus.de

2. Auflage 2024

Infanteriestraße 11a
80797 München

ISBN: 978-3-95961-791-8